책
읽는 교실
어떻게
할까?

초등참사랑 이영근 선생님의
빛깔 있는 독서교육

이영근 글

책
읽는 교실
어떻게
할까?

보리

우리 교실에 처음 오는 사람들이 놀라는 게 책이에요. 벽이 온통 책이거든요. 놀라며 걱정하기도 해요. 이 많은 책을 해마다 교실 바뀔 때마다 옮기고, 새로운 학교로 갈 때마다 들고 다니느냐고. 그 걱정이 다 맞아요. 교실을 바꿀 때마다 책을 옮겨야 해요. 그래서 새로운 학교에서 한 번 들어간 교실을 그대로 쓰는 편이에요. 학교를 옮길 때는 아는 사람 손을 빌리기도 해요. 이렇게 번거로운데도 책을 교실 가득 둔 까닭이 있어요. 이 책은 이렇게 우리 교실에 가득 있는 책으로 무엇을 하는지 하나씩 풀어낸 이야기예요.

많은 교실이 '책 읽는 교실'이에요. 그럴 수밖에 없어요. 그 어느 직종보다 선생님들은 책을 많이 읽어요. 책을 아주 좋아해요. 책을 읽다 보면 '이 책은 우리 학생들에게 소개하고 싶다. 이 책은 우리 학생들이 읽으면 좋겠다. 이 책을 읽으면 우리 학생들은 어떤 생각을 할까?' 하는 생각이 절로 들어요. 이렇게 학생들에게 안내하고 들려주고 이야기 나누는 교실이 바로 '책 읽는 교실'이에요. 학교마다 적어도 한 교실, 선생님 한 분씩은 학급 빛깔을 책으로 채워 나갈 거예요. 영근 샘 교실도 이런 교실 가운데 하나일 거예요.

《책 읽는 교실 어떻게 할까?》는 여느 책 읽는 교실과 닮았겠지만 달라요. 무엇보다 다른 게 영근 샘은 어릴 때 책을 읽지 못했고 어른이 되어서도 느지막히 책을 읽었어요. 그러니 책을 좋아해서 학생들에게 읽히기보다, 우리 학생들은 영근 샘과 달리 어릴 때부터 책을 읽었으면 하는 바람으로 책 읽는 교실을 하고 있어요. 그러면서도 영근 샘이 학급살이로 추구하는 가치인 '행복한 교실'을 만들어가는 과정에 책이 있어요. 또한 영근 샘이 꾸준히 공부하고 실천하는 글쓰기와 토론은 책 읽기와 더없이 가까워요. 책 읽고 글 쓰고 토론하는 시간이 많아요. 그 내용을 이 책에 많이 담았어요.

책 읽는 교실을 하는 선생님들은 비슷하면서도 다른 이야기라 편하게 읽을 수 읽을 거예요. 책 읽는 교실을 한번 해 보고 싶은 선생님들은 이 책에 나온 여러 가지 방법을 교실에서 바로 써먹을 수 있을 거예요. 책 읽는 교실이 막막한 선생님들은 이 정도면 할 수 있겠다는 자신이 생길 거예요.

2024년 6월

이영근

3장 책과 함께하는 학급운영

4장 독후 활동

5장 온작품읽기

6장 독서토론

1장

책이 좋은 아이들

책 읽는 교실을 시작하며

'책? 아, 싫다.'

이 말은 우리 학생들이 하는 말이 아니에요. 영근 샘이 얼마 전까지 자주 하던 말이에요. 책을 읽으면서도 책 읽는 재미도 잘 모르겠고, 책 내용도 제대로 헤아릴 수 없었거든요. 영근 샘이 이렇게 책을 싫어했던 까닭이 있어요.

영근 샘은 지리산 자락에서 태어났어요. 중학생 때까지 그곳에서 자랐죠. 그때를 떠올리면 일하고 놀았던 기억만 떠올라요. 초등학생, 중학생 때 무슨 일이냐고 할지 모르지만 그때는 어린아이도 일손으로 큰 몫을 했어요. 아주 가난했기에 일을 많이 해야 했어요. 그렇다고 일만 한 건 아니죠. 앞에 흐르던 강, 집 뒤로 산, 그 사이 논과 밭, 들판에서 신나게 놀았어요.

이렇게 일하고 놀기 바쁜 어린 영근이가 책을 봤을까요? 책을 읽은 기억이 없어요. 학교에서 배우는 교과서를 빼고는 책 읽은 기억이 없어요. 그때는 교과서만 읽고 시험 쳐도 어느 정도 점수는 받을 수 있었어요. 중학생 때까지만 해도. 그러다가 고등학교에 들어갔고 고등학생 때

책 읽는 교실에서 영근 샘과 학생들

는 대학 갈 시험공부만 했어요. 아, 공부만 한 건 아니에요. 촌놈이 처음 맛본 도시는 다 신기하기만 해 방황도 했어요. 이때도 교과서와 참고서만 볼 뿐 다른 책은 보지 않았어요.

교육대학을 갔죠. 대학에 가서도 여행 다니고 놀기만 했어요. 그때 읽은 책이 잘 떠오르지 않아요. 스무 해가 넘도록 책 하나 읽지 않아도 사는 데 지장이 없었어요. 그러다 선생을 하게 되었어요. 선생을 하는 데 당장 무엇을 해야 할지 모르겠어요. 선생 준비가 하나도 안 된 사람이라 당장 책을 사서 읽기 시작했어요. 그때 읽은 책이 한결같이 교육 관련 책이었어요. 보리, 우리교육, 전교조 같은 곳에서 펴낸 실천서 중심으로 봤어요. 책을 읽고 교실에서 살아 보고……. 그러며 그 과정과 결과를 일기로 남겼어요. 교육 관련 책을 찾아 읽은 건 학교에서 학생들과 살아야 하는 내용이라, 그 내용을 교실에서 바로 실천해 볼 수 있어 책 읽는 게 힘든 줄 몰랐어요. 그 책을 읽고 실천한 결과를 초등참사랑(영근 샘이 1999년에 만든 학급운영 누리집, chocham.

com)에 나누었는데 그 재미가 컸어요.

이때도 손이 가지 않던 책이 있어요. 소설이죠. 어린이책이든 어른 책이든 동화나 소설은 지어낸 책이라, 도움이 되지 않는다는 생각에 손이 가지 않았어요. 선생 하며 몇 해 지나지 않아 글쓰기와 토론 공부를 했어요. 다른 선생님들과 이런저런 이야기를 나누니 선생님들은 어쩜 이렇게 책을 좋아할까요? 그때부터 선생님들이 말하는 책을 사 모아요. 지금 사는 집으로 이사 들어올 때 이삿일 하는 분이, "제가 이 일 하며 만난 책이 가장 많은 집이네요." 하고 말씀하셨으니까요.

그렇지만 책 내용을 제대로 아는 책은 많지 않았어요. 읽다가 만 책도 많았고요. 더 큰 문제는 책이 낯설어 그런지 읽는 게 쉽지 않다는 거예요. 읽은 내용이 머리에 남지 않아 몇 번이고 앞으로 다시 돌아가요. 그래도 읽어야지, 하는 생각으로 억지로 읽어요. 그러다 속이 더부룩하고 부대껴요. 그러면서도 읽지 않으면 안 되니 계속 읽었어요. 그렇게 십 년 넘게 읽고 또 읽었어요. 이제야 조금 나아졌어요. 한 번에 읽을 수 있고, 속도 부대끼지 않아요.

책 읽으며 힘들 때, 책이 좋기보다 싫기만 할 때 이런 생각을 해요. '우리 반 애들이 정말 잘 놀아야 해. 자연 체험도 하며 감각도 길러야 해. 그러면서도 심심할 때 책을 가까이 할 수 있었으면 해. 나와 달리.'

그때부터 책과 관련한 학급살이를 조금 더 많이 해요.

학생들이 책을 좋아했으면

"지민아, 영근 샘하고 같이 책 읽을까요?"

아침에 일찍 온 지민이에게 책 보자고 했어요. 옆 책꽂이에서 그림책을 한 권 꺼내어 펴요. 3학년 지민이는 책을 잘 못 읽어요. 글을 소리 내어 읽는 게 잘 안 되니까요. 온작품읽기를 할 때면 학생들이 돌아가며 책을 읽는데 자기가 읽을 차례 때마다 책 읽기를 어려워해요. 어릴 때 영근 샘도 그랬어요. 소리 내어 책 읽는 게 부담이고 힘들었어요.

"지민아, 우리 소리 내어 읽어요."

영근 샘은 읽고 있던 책을 소리 내어 읽어요. 지민이는 가져온 그림책을 소리 내어 읽어요. 지민이가 떠듬떠듬 읽어서 영근 샘도 아주 천천히 읽어요. 눈으로 휘릭 읽다가 아주 천천히 읽으니 글에 담긴 뜻이 조금 더 다르게 들어와요. 빠르게 달리는 차창으로 보던 풍경을 뚜벅뚜벅 걸으며 보는 것과 비슷해요. 지민이가 책을 다 읽을 때까지 둘은 소리 내어 읽을 생각이에요. 포기하지 않아요. 다른 학생들이 왔는데도 우리 둘은 소리 내어 읽어요.

"영근 샘, 책 다 읽었어요."

"잘했어요. 그럼 영근 샘도 여기까지 읽을게요."

싱긋 웃는 지민이에게 영근 샘은 엄지손가락을 세웠어요. 영근 샘은 우리 반 학생들이 책을 좋아했으면 해요. 어릴 때 영근이와는 달리.

책 읽는 교실로 우리 반 빛깔 만들기

우리 반은 참사랑땀 반이에요. 반 이름이 있어 낯설 수 있겠네요. '참사랑땀'은 우리 반 이름이면서도 우리 반 목표이기도 해요. '참'은 우리 반 활동에 잣대 구실을 해요. 무엇을 할지 말지 판단하는 기준이죠. 아이들 삶을 가꾸는 데 있을 것이면 하고, 없어야 할 것이면 하지 않아요. 그게 참이니까요. 그러니 '책 읽기'는 해야 할 것이에요.

다시 반 빛깔 이야기로 돌아가서, 참사랑땀 반 빛깔에는 여러 가지가 있어요. 우리 반은 기타 치며 노래하는 교실이에요. 학생들은 기타를 배워요. 날마다 노래도 불러요. 또 우리 반은 글 쓰는 교실이에요. 아침마다 글똥누기를 쓰고 집에서는 날마다 일기를 써요. 계절이 바뀔 때면 놓치지 않고 교실 밖에 나가서 자연을 보며 글로 써요. 또 우리 반은 토론하는 교실이에요. 날을 잡아서 한 주에 한 시간 또는 두 시간씩 토론하고 있어요. 논리보다는 자기 생각을 드러내는 토론을 꾸준히 해요.

참사랑땀 반의 여러 가지 빛깔 가운데 '책 읽기'도 있어요. 앞서 말했듯 영근 샘은 책 읽는 게 쉽지 않았어요. 그러니 처음 참사랑땀 반을 시작할 때는 책 읽기가 우리 반 빛깔이 아니었어요. 그런데 선생으로 살면 살수록 조금씩 책에 다가가게 되었어요. 학급문고로 책을 모으고, 틈이 나면 책을 읽어 주며 책 읽기가 조금씩 반 빛깔이 되었죠. 삶으로 하던 토론은 책을 읽고서 토론하는 방향으로 조금씩 바뀌고 있고요. 이렇게 책이 어느덧 우리 반 빛깔로 들어왔어요.

우리 반 빛깔로 자리매김한 책 읽는 교실, 그 과정을 여러 사례와 함께 이 책으로 나눠요.

2장

참사랑땀 반 책 읽기

책 읽기 준비

첫날 첫 책 읽는 준비

첫날 준비물

선생에게 새해는 두 번이에요. 1월 1일과 새 학년 첫날인 3월 2일이죠. 1월 1일 새해 첫날을 맞으려고 바다로 가거나, 산을 오르고, 새해 첫날 0시에 울리는 종소리를 들으려고 밤잠을 줄이는 사람들이 있어요. 새해를 조금 더 뜻깊게 맞이하려는 노력이죠.

선생에게 3월 2일 첫날을 맞는 마음도 이와 비슷해요. 조금 더 알차게 학생들을 만나려고 마음을 쏟아요. 이를 위한 준비는 2월부터, 더 빠른 분들은 이전 학년도 제자들과 헤어지면 시작하기도 해요. 영근 샘은 2월에 학년과 교실을 받으면 그때부터 시작해요. 쓰던 교실 짐을 정리하고 청소해요. 새 교실로 짐 옮기고 3월 첫날부터 빛깔을 낼 수 있게 준비해요.

2월 28일이면 첫날 학생들과 살 준비를 모두 마쳐요. 텅 비었던 새 교실에 처음 들어설 때는 '언제 정리해서 첫날 준비하지.' 하는 생각이었는데 놀랍게도 2월 28일이면 준비가 제대로 끝나요. 준비를 끝내고 기분 좋게 교실을 나서요. 이때 교실을 나서기 앞서 정리된 교실을 한 번 더 돌아봐요. 마지막으로 학생들 책상 위에 놓인 걸 살펴요.

학생들 책상에는 두세 가지가 놓여 있어요. 학생들 책상마다 책을 한 권씩 올려 둬요. 올려 두는 책은 무엇이 좋을까요? 학급살이가 다 그렇듯 어떤 책을 올려 둬야 한다는 정답은 없어요. 선생님이 가진 생각에 따라 다 다를 수 있어요. 참사랑땀 반에서는 학생들이 읽기 알맞거나 어렵지 않게 볼 수 있는 책을 둬요. 고학년은 줄글 책 동화인 〈창비아동문고〉를 올려 둬요. 학생들의 지난해 수준을 가늠해 봤을 때 조금 더 쉬운 책이 필요하다 싶은 반에서는 조금 두꺼운 그림책을 골라서 올려 둬요. 저학년이나 중학년은 그림책이 괜찮아요. 또 학년에 구분 없이 학생들이 좋아하는 책이 있어요. 바로 보리출판사에서 나오는 어린이 잡지 〈개똥이네 놀이터〉예요. 우리 반은 이 잡지를 달마다 봐요. 학생들이 가장 좋아하는 책이기도 해요.

책상에 책을 올려 두는 것이 가장 좋다고 생각하지만, 교실에 책이 없을 수 있어요. 이럴 때는 학교 도서관 책을 활용하면 좋아요. 2월에 학교 도서관에 들러 3월 첫날 학생들이 책을 읽으면 좋겠다는 뜻을 전하며 학생 수만큼 빌려오는 거예요. 이렇게 학교 사서 선생님과 자주 생각을 주고받으면 좋아요. 수업에 도서관을 활용할 수도 있고, 우리 반 책 읽기에 도서관에 있는 책을 활용할 수도 있어요.

첫 만남 준비하기

3월 첫날 학생들도 마음이 설레요. 두려운 마음, 걱정하는 마음도 함께해요. 친구와 같이 오건 혼자서 오건 학생들은 자기 교실을 찾아가요. 새로운 반은 새 학년 교실이 있는 층에 가야 알 수 있어요. 보통 자기 반을 '가' '나' '다' 반으로 알고 온 학생들은 교실 앞에 붙은 팻말을 찾아서 교실로 들어가요.

참사랑땀 반에 들어온 학생도 새 학년 첫날 여느 학생들과 다르지 않아요. 멀뚱거리거나, 친구나 영근 샘에게 인사를 건네요. 어디에 앉아야 할지 두리번거리는데 책상 위에 놓인 게 있어요. "책상에 놓인 글똥누기나 일기장에 써 있는 이름을 보고 자기 자리를 찾아 앉으세요." 하는 영근 샘 말에 학생들은 책상 위를 살펴요. 먼저 온 학생들이 "○○야, 여기 니 자리." 하며 돕기도 해요. 학생들이 자리에 앉아요. 자리에 앉은 학생은 아는 친구가 있나 두리번거려요. 지난해에 같은 반이던 친구가 있더라도 소리 내어 이름 부르는 것은 부담이에요. 첫날이거든요. 영근 샘이 어떤 사람인지 잘 모르니 아주 작은 행동까지도 더 조심스러워요.

"심심한 사람은 책상에 놓인 책을 보도록 하세요."

학생들은 자기 자리를 찾을 때 책상에 올려져 있던 것을 그제야 살펴요. 자기 이름이 적힌 공책과 수첩이 있어요. '일기장'과 '글똥누기'예요. 물론 자리에 앉자마자 하나씩 들춰 보던 학생도 있기는 해요. "선생님, 글똥누기가 뭐예요?" 하고 묻는 학생도 있어요. "조금 뒤에 자세하게 설명해 줄게요. 앞에 놓인 책 읽고 있으세요." 그러고 보니 그 옆에는 책도 한 권 있어요. 안 그래도 할 게 없어 어색했던 학생들은 그 책을 펴고 보고 있어요.

첫날부터 책상에서 책을 만나요. 교실에 들어선 학생도 느껴요. 참

동화책

그림책

개똥이네 놀이터

사랑땀 반 박민서 학생은 첫날 일기에 아래와 같이 썼어요.

• 나는 '선생님이 누구이실까? 친구들은 누구누구 있을까?'라는 궁금함을
가지고 학교에 갔다. 학교에 가니 책상에 책과 수첩이 올려져 있었다. 난
그것을 보고 '이 선생님은 책을 좋아하시는 선생님이시구나.'라고 느꼈
다. (뒤 줄임) -5학년 박민서

첫날은 선생님이나 학생 모두가 설레면서도 떨리고 걱정스럽기까
지 한 날이에요. 선생님은 '올해 우리 반 학생들은 어떤 학생들일까?'
하고 생각해요. 교실로 들어오는 학생을 볼 때마다 '저 아이는 어떤
아이일까?' 하는 생각이 절로 들어요. 아이가 하는 말이나 몸짓으로
그 아이를 조금이라도 더 알려고 해요.

학생들도 마찬가지예요. '우리 반은 어떤 반일까?' '친구는 누가 있
을까?' 하는 생각과 함께 '우리 선생님은 어떤 분일까?' 하는 생각이
들어요. 학교 가는 날을 며칠 앞두고부터 이런 생각하는 아이들이 많
아요. 여러 가지 궁금증을 안고 교실에 들어오니 책상 위에 있는 책이
그냥 보일 리 없어요. 책만 보고도 '선생님이 책을 좋아하시는구나.'
하고 생각하는 게 민서만이 아닐 거예요. 영근 샘 처지에서는 이것만
으로도 큰 걸 얻어요. 우리 반에서 한 해 동안 힘주어 할 일을 따로 말
하지 않고서도 아이들은 알아챈다는 걸 알 수 있으니까요.

첫 책 읽어 주기

3월 첫날, 영근 샘과 학생들 사이 첫 만남은 생각보다 시간이 오래

걸려요. 따뜻하고 아름답게 만나면 좋겠는데 그러지 못해서 아쉬울 때가 많았어요. 시업식은 새로운 해가 거듭될수록 조금 더 차분하고 여유롭게 만나려 해요.

다시 첫날 교실로 돌아가서 책을 보던 학생들과 담임 선생님은 첫인사를 할 겨를도 없이 '시업식'을 해요. 시업식은 새로운 학년을 시작하는 행사예요. 보통은 방송으로 교감 선생님이 오고 가는 선생님을 안내해요. 이어서 담임 선생님과 전담 선생님을 소개해요. 교실 앞 가운데에 영근 샘이 서 있으면 "○학년 ○반 이영근 선생님." 하고 말씀하세요. 영근 샘도 어색해하면서 고개 숙여 인사하면 학생들 몇몇은 손뼉을 쳐요. 이어 교장 선생님이 새 학년 축하하는 말과 부탁하는 말을 해요. 이렇게 시업식을 마치면 이제 담임과 학생들이 첫 만남을 시작해요. 헤어질 때까지 알콩달콩 살아갈 첫 시작이에요.

"안녕하세요, 여러분. 담임인 영근 샘이에요."

인사를 하고 나면 첫날 하려고 하던 걸 하나씩 해요. 보통 첫날은 수업을 하지 않고 우리 반 학급살이 소개, 학생들 자기소개, 교과서 나누기를 해요. 이때 남는 시간을 어떻게 보낼 것인지는 2월 28일에 계획을 다 세워 둬요. 첫날 할 것으로 일곱 가지 정도 준비해요. ① 글똥누기 소개와 쓰기, ② 그림책 읽어 주기, ③ 축하 노래 부르기, ④ 우리 반 둘레 세우기(우리 반이 행복하기 위해 없어야 할 것 이야기하기), ⑤ 일기 쓰기 안내, ⑥ 나들이와 단체 사진 찍기, ⑦ 옛이야기 들려주기예요. 물론 준비한 일곱 가지를 다 하지 못할 때가 더 많아요. 그러니 우선순위를 정해서 첫날 꼭 해야 하는 것부터 하나씩 해요.

첫날 해야 할 일을 정해 둔 까닭이 있어요. 앞서 말했듯, 첫날이라 그래요. 이날은 학생들이 한 해 가운데 몸과 마음을 가장 집중하는 날이에요. 선생님 첫 모습을 열심히 살피고 선생님 말을 귀담아들어요. 불러 주는 노래를 들으며 '노래를 많이 듣겠구나.' 하고 생각해요. 일기를 첫날부터 날마다 쓴다고 하면 '아, 일기를 날마다 쓴다니…….' 하며 마음가짐을 달리 하기도 하거든요. 잠깐 나들이 가자는 말에 '밖에 자주 나가겠구나.' 느끼며 좋아하죠. 그런데 시간이 넉넉하지 않기 때문에 우선순위를 정하는 거예요.

첫날에 꼭 하는 것으로 글똥누기 쓰기와 그림책 읽어 주기, 축하 노래 부르기, 우리 반 둘레 세우기, 일기 쓰기 안내예요. 시간이 더 있으면 나들이를 갈 수도 있겠죠. 그리고 책을 읽어 주며 첫날을 차분하게 보낼 수 있어요. "자, 책 읽어 줄게요." 이 말에 학생들은 처음 만난 영근 샘에게 눈길을 보내고 귀를 활짝 열어요.

첫날 읽어 주는 책으로 무엇이 좋을까요? 무슨 책을 읽어 줄지 정할 때는 다른 때보다 조금 더 주의를 기울여요. 그 까닭으로 첫째, 뭐든 처음 하는 건 학생들에게 오래 남아요. 처음 한 것은 그 뒤에 하는 것에 잣대 구실을 해요. 놀이로 '늑대와 양'을 처음으로 하고, 그 뒤에 다른 놀이를 하면 학생들은 "이번 놀이는 늑대와 양보다 어떠했어." 하고 말해요. 첫 번째 읽어 주는 책도 마찬가지죠. 그 뒤로 읽어 줄 책의 잣대가 돼요.

둘째, 학생들에게 책을 읽어 주며 전해 주고 싶은 우리 반 학급 철학(가치)을 담을 수 있어요. 학생들끼리 잘 지냈으면 하는 책으로는 《무지개 물고기》(마르쿠스 피스터, 시공주니어)를 읽어 줄 수 있고, 이전 학년에서 잘 못 했더라도 이제부터 함께 하면 잘할 수 있다는 이야기를《에드와르도》(존 버닝햄, 비룡소)를 읽어 주며 할 수 있어요.

우리 반에서 첫날 읽어 주는 책은《강아지똥》(권정생, 정승각, 길벗어린이)이에요. 이 책은 그림책으로 이야기가 길지 않아요. 새 학년 첫날 읽어 주는 첫 책으로 1학년이든 6학년이든 학년에 상관없이 그림책을 고른 까닭은 듣는 학생들이나 읽어 주는 선생님이나 부담이 없기 때문이에요. 첫날이라 그러기도 하겠고, 짧은 그림책이라 그럴 수도 있지만 학생들은 이 책을 귀담아들어요. 많이 알려진 책이라 읽어 본 학생도 적지 않을 텐데 말이에요. 좋은 책이 가진 힘이기도 해요. 짧은 이야기에 얇은 그림책이지만 이 책은 다른 어떤 크고 두꺼운 책 못지않게 귀한 가치를 담고 있어요. '세상에 가치 없는 것은 하나도 없다.'는 말과 '하찮은 것, 보잘것없는 것(똥)을 소중하게 여기자. 모두 제 나름의 자리가 있다.'는 말이 정말 아름다워요.

책을 다 읽어 주면 학생들 반응에 따라 '어? 이 아이들은 귀담아듣는 힘이 좋은걸.' 하며 욕심을 조금 더 낼 때도 있어요. "글똥누기에 이 책을 듣고 나서 든 생각을 써 볼까요? 좋거나 싫다는 생각이 들면 그 까닭을 써도 돼요. 가장 기억에 남는 장면도 좋고, 내용을 간추려도 좋아요. 뭐든 좋아요. 한 줄만 써도 좋고, 여러 줄이어도 좋아요." 이 말에 학생들은 글똥누기 작은 수첩에 하고 싶은 말을 글로 써요. 첫날이라 글 쓰는 모습이 사뭇 진지해요. 우리 반 빛깔에서 '글쓰기'도 있으니 첫날부터 써요.

"강아지똥이 민들레를 피우기 위해 몸을 녹였듯, 영근 샘도 여러분 행복을 위해 올해 정성을 다할게요."

첫날 이런 말 하는 게 쑥스럽기만 해요. 학생들도 영근 샘이 편하다면 이 말에 웃기라도 할 텐데, 긴장한 상태라 웃는 학생이 없어요. 그렇지만 영근 샘이 학생들에게 어떤 태도로 만날지 이야기할 수 있어 좋아요. 스스로에게 하는 다짐이기도 하니까요.

귀담아듣고 글똥누기 쓰기

TIP **3월에 읽어 주기 좋은 책**

• 《에드와르도》(존 버닝햄, 비룡소)

  부제목이 세상에서 가장 못된 아이이다. 이 제목만으로도 학생들에게는 해방감을 준다. 모든 어른도 어릴 때는 누구나 에드와르도였다.

• 《꿩》(이오덕, 효리원)

  힘이 넘치는 책이다. 용이는 아버지가 머슴인데 친구들이 용이마저 머슴처럼 생각해 가방을 맡긴다. 친구들 가방을 나뭇가지에 둘러 맨 용이. 어떤 일이 일어날까?

• 《점》(피터 레이놀즈, 문학동네)

  미술 첫 시간에 읽어 주기 참 좋다. 그림 그리기에 자신 없는 학생들에게 희망을 보여 주는 책이다. 학생들과 점을 찍어 우리 반 전시회를 해 보자.

• 《지각대장 존》(존 버닝햄, 비룡소)

  누구나 좋아하는 그림책이다. 책을 읽어 줄 때 주인공 이름을 과장해서 크게 말한다. "존 패트릭 노먼 맥허니시!" 이름을 말하는 것만으로도 신난다.

- 《틀려도 괜찮아》(마키타 신지, 하세가와 토모코, 토토북)

  《칠판 앞에 나가기 싫어》(다니엘 포세트, 베로니크 보아리, 비룡소)

  3월에 많은 선생님들이 읽어 주는 대표 책이다. 제목에서 말하고 싶은 가치가 다 담겨 있다.

책을 좋아하는 학생으로 이끄는 방법

우리 반 책 읽기, 독서교육의 목표를 글로 써 본다면 '책이 좋아요.'라고 할 수 있어요. 우리 학생들이 책을 좋아하길 바라는 마음이에요. 이건 앞서 드러낸 영근 샘의 경험에서 나온 생각이자 바람이에요. 책을 보지 못하고 자란 영근 샘이 느지막이 책을 보며 힘들어하고 책을 싫어했기 때문이에요. '책을 읽지 않은 결핍'을 우리 학생들은 겪지 않았으면 해요. 이 마음은 '가난을 대물림하기 싫어'하는 부모님들 마음과 비슷하겠네요. 학생들이 책을 좋아하길 바라면서 하는 활동은 세 가지가 있어요.

책 읽는 습관 만들기

'글똥누기, 책 읽기'

이 둘은 교실 칠판에 늘 붙여 놓아요. 우리 반은 3월 첫 만남부터 헤어질 때까지 아침마다 글똥누기를 써요. 글똥누기는 아침에 학교에 와서 하고 싶은 말(겪은 일, 생각 따위)을 자그마한 수첩에 한 줄이든 여러 줄이든 자유롭게 글로 쓰는 거예요. 학생들은 쓴 글을 영근 샘에게 바로 보여 주고 글로 인사 나눠요. 글똥누기는 날마다 쓰는 글이지만 글을 잘 쓰기 위해서 쓰는 것은 아니에요. 학생은 글로 아침을 깨우고, 영근 샘은 학생들이 쓴 글을 보며 모습을 살피고 학생들 마음을 헤아려요.

글똥누기를 다 쓴 학생들은 여러 모습으로 움직여요. 칠판에 써 있듯 책 보는 학생도 있어요. 1교시 수업 준비하는 학생도 있고요. 잠깐 엎드려 쉬는 학생도 있어요. 옆 친구와 이야기를 나누기도 해요. 단, 이야기를 나눌 때는 다른 친구들 글똥누기 쓰는 데 걸림돌이 되지 않게 자그맣게 말해요. 이렇게 다 다른 모습이지만 칠판에 '책 읽기'라고 써 두는 건, 할 게 떠오르지 않을 때는 책 읽으라는 말이에요.

"영근 샘, 다했어요. 뭐 해요?"

"책 읽으세요."

'뭐 해요?' 이 말은 학생들에게 정말 많이 듣는 말이에요. 그것도 아주 많이 듣는 말이죠. 특히 3월에는 학생들이 이 말을 정말 많이 해요.

"자기 할 일을 다하면 자기가 하고픈 것을 하세요. 다른 사람들에게 피해를 줘서는 안 돼요."

우리 반 학급살이에서 무언가를 다한 학생들은 자기가 좋아하는 것을 하라고 해요. 학생마다 좋아하는 게 달라요. 그림 그리는 걸 좋아하는 학생도 있고, 만들기, 책 읽기를 좋아하는 학생도 있어요. 이렇게 스스로 할 수 있을 때까지는 학생들이 영근 샘에게 무얼 해야 하는지 자주 물어요. 아직까지 우리 반 학급살이가 제대로 자리매김하지 않았기 때문이에요. 하루하루 살아가며 우리 반 사는 방법이 차곡차곡 쌓이면 버릇이 되겠죠. 어쨌든 저렇게 묻는 말에 그냥 툭 튀어나오는

교실에서 책 읽는 학생들

말은 "책 읽으세요." 하는 말이에요.

어느 정도 학급살이가 자리매김하면 학생들은 자기가 하고 싶은 것을 스스로 찾아서 해요. "지금은 다른 친구들이 집중해서 ○○을 하고 있으니 책 읽을게요." "수학 문제를 풀거나 집중해서 글을 쓸 때는 자기가 하고픈 것을 잠깐 멈추세요." 하고 말하며 다른 친구들이 집중해서 무언가를 하는 데 방해가 되지 않게 책을 보자고 해요.

"책 보세요."

"책이 없어요."

"저기 있는 책이나 빌려 둔 책, 아니면 친구가 읽은 책하고 바꿔서 읽으세요."

책을 보자고 할 때 읽을 책이 없다고 말하는 학생이 꼭 있어요. 어른들이야 가방에 책 한 권 정도는 넣어 다니지만 학생들은 가방에 책

넣을 자리조차 없이 든 게 많아요. 학교 마치고 학원으로 바로 가야 하는 학생은 가방을 하나 더 들고 다닐 정도예요. 학생들에게 읽을 책을 가지고 다니라고 말할 수 없어서 교실에 책을 마련해 두어요. 그래서 학급문고로 학생들이 읽을 만한 책이 있으면 좋아요.

또는 학생들에게 도서관에서 책을 빌리게 해 책상 서랍이나 사물함에 넣어 두게 해요. 학교마다 다르겠지만 학생은 책을 두 권이나 세 권 빌릴 수 있어요. 빌려 보는 기간은 한 주 또는 두 주 정도예요. 자기가 빌린 책을 다 읽었다고 말하는 학생에게는 다시 한 번 읽어 보라고 해도 좋고, 옆 짝과 책을 바꿔 보라고 해도 좋아요. 책을 잘 안 보는데다 도서관 책을 제때 돌려주지 않아 책을 못 빌리는 학생이 있어요. 이런 학생들이 읽을 수 있도록 담임 선생님이 책을 몇 권 빌려 두는 것도 좋아요.

글똥누기를 쓴 학생은 자기 하고픈 것을 하는데, 보통 책 읽기다. 나도 책을 편다. 《최고의 교사는 어떻게 가르치는가》(더그 레모브, 해냄)이다. 지난주에 산 책이다. '이제 주말 이야기 해 볼까?' 하며 책을 접으려는데 분위기가 심상치 않다. 모두가 그런 건 아니겠지만 책에 푹 빠진 모습들이다. 그 흐름을 깨뜨리고 싶지 않다. '그래, 조금 더 있다가 하자.' 하고는 나도 다시 책을 본다.

오늘 1, 2교시 수업이 국어다. 교과서를 보며, '이거 교과서로 할 필요 없겠다. 학생들이 읽고 있는 책으로 하면 되겠네. [인상적인 부분]을 찾는 게 학습 목표이니 학생들이 자기들 책에서 찾도록 하자. 그럼 책도 읽고, 이번 시간 목표에도 닿는 것이니.' 그러며 나도 어린이책을 편다. 권정생

할아버지가 쓰신 《짱구네 고추밭 소동》(권정생, 김병호, 웅진닷컴)을 읽는
다. 나도 인상적인 부분을 발표할 생각이다.

"자, 잠시 이야기 좀 들어 보세요. 오늘 국어 수업은 문학작품 읽기예
요. 지금 여러분들이 읽고 있는 게 동화가 많으니 그대로 읽으세요. 그
리고 문학작품을 읽으며 '인상적인 부분'을 찾는 게 우리가 할 활동이
니 자기가 읽는 책에서 인상적인 부분을 찾아보세요."

학생들은 이내 고개를 숙이고 다시 책을 본다.

"지금 읽은 책에서 찾은 인상적인 부분을 이야기 나눌 테니 글똥누기
에 써 두세요."

이게 가장 큰 실수였다. 하지 말아야 할 말이었다. 내 말('인상적인 부분
을 글로 쓰세요.')을 들은 학생들 몇몇은 두꺼운 책을 단편이나 그림책으로
바꾼다. 그리고 몇몇 학생은 읽기보다 쓰기에 바쁘다.

'아, 내가 실수했구나. 지금이라도 그냥 편하게 보라고 할까?'

그냥 됐다. 지금 열심히 쓰는 학생들에게 믿음이 뺏긴다 싶다. 학생들
모습도 조금 더 살피고 싶다. 내 말 한마디로 학생들이 어떻게 바뀌는지
도. 그나마 다행인 것은 시간이 지나도 아무런 말을 하지 않자, 학생들도
다시 책에 빠지는 모습을 보였다.

"자, 여러분 책 읽는 모습이 참 보기 좋았어요. 이렇게 집중하며 읽는
것만으로도 좋아요. 고마워요. 여러분이 찾은 '인상적인 부분'을 이제
이야기 나눠 볼게요."

책으로 아침을 열어 좋았고, 나 또한 큰 걸 배운 아침이었다.

(2013년 4월 22일)

교사가 책 읽어 주기

"자, 책을 읽어 줄 건데 이 세 권에서 한 권 읽을게요."

우리 반 칠판에는 책이 서 있어요. 보통은 그림책으로 놓아 두어요. 언제든 자투리 시간이 생기면 영근 샘이 읽어 줄 책이에요. 자투리 시간은 보통 십 분 남짓이니 읽기에 적당한 책이 바로 그림책이에요. 당연한 말이지만 영근 샘은 세 권 모두 그 내용을 다 알고 있어요. 그냥 손에 잡히는 대로 들고 읽어 줘도 되지만, 책 읽어 주는 날에 맞게 골라서 읽을 때도 있어요. 날씨, 배우는 내용, 학생들에게 어떤 사연이 있는 일처럼요. 그렇다고 꼭 그런 날을 찾아서 읽는 것은 아니에요. 그냥 틈이 날 때마다 조금이라도 더 많이 읽어 주려고 영근 샘 가까이 책을 둔 거예요.

"영근 샘, 저 책은 뭐예요?"

3월 초에 칠판 구석에 늘 서 있는 책을 보고 묻는 학생들이 있어요.

"아, 여러분에게 읽어 줄 책이에요."

"언제요?"

이렇게 학생들이 하나둘 관심을 보이면 읽어 줄 책이라고 말해 줘요. 묻는 학생에게만 말하는 게 아니라, "○○가 이 책은 뭔지 물었어요." 하며 모두에게 말해요. 그러면 얼마 못 가 "영근 샘, 저 책은 언제 읽어 줘요?" "영근 샘, 저 책 읽어 주세요." 하며 안달하는 학생들이 나와요.

칠판 앞에 둔 책《집 나가자 꿀꿀꿀》(야규 마치코, 웅진주니어),《칠판 앞에 나가기 싫어!》(다니엘 포세트, 베로니크 보아리, 비룡소),《길 아저씨 손 아저씨》(권정생, 김용철, 국민서관)를 하나씩 들어서 보여 주며 간단

자투리 시간에 학생들에게 읽어 줄 책

히 소개해요. 한 권을 정해서 바로 읽을 때도 있지만, 아이들 흥미를
조금 더 끌기 위해 내용을 소개하기도 해요. 그냥 읽든, 소개하고 읽
든, 읽을 책을 내가 정하든, 학생들에게 물어서 정하든 학생들은 좋아
해요.

"《집 나가자 꿀꿀꿀》은 어머니에게 화가 난 아이 셋이 집을 나가는
모험담이고요.《칠판 앞에 나가기 싫어!》는 남들 앞에만 서면 가슴
이 작아지고 얼굴이 빨개지는 우리 이야기죠.《길 아저씨 손 아저
씨》는 눈과 몸이 불편한 두 사람이 함께 힘을 모아 살아가는 이야
기인데, 이 세 권에서 하나를 고를게요. 여러분이 도와주세요."

학생들 생각은 같지 않아요. 이럴 때 몇 명에게 그 까닭을 묻기도
해요. 어떤 학생이 말한 까닭이 감동을 주면 그 책을 읽기도 해요. 보
통은 다수결로 학생들에게 손을 들게 해 많은 학생들이 고른 책을 읽
어요. 가장 무난한 방법이에요. 이때 "오늘은 이 책을 읽고 남은 두 권
은 다음에 읽을게요." 하는 말을 덧붙여요.

'책이 재미있다는 것을 마음 가득 느꼈으면 한다.'

이 마음이 교실에서 책을 읽어 주는 까닭이에요.

"책 읽으세요." 하는 말에 학생들은 자기가 보고 싶은 책을 꺼내 읽어요. 이때 학생들 모습을 주의 깊게 살펴봐요. 금세 책에 푹 빠지는 학생이 있는 반면, 겉도는 학생들도 많아요. 이런 학생들은 책을 다 읽었다고 해도 책 내용을 잘 알지 못해요. 이렇게 책에 겉도는 학생 수는 학년, 학구에 따라 많은 차이를 보여요. 책에 빠지지 못하고 겉도는 학생들 모습은 아래와 같아요.

- 책 고르는 데 시간을 더 많이 보낸다.
- 책을 펴서는 몇 장만 보고 금방 덮는다.
- 그림책에서 그림만 본다.
- 본 책만 계속 되풀이해서 본다.
- 내가 고른 책보다 친구가 보는 책을 보려 한다.
- 책을 편 채 두리번거리거나 뭔가를 만지작거린다.

왜 이럴까요? 그 대답 또한 학생들 모습만큼 여럿일 거예요. 그 많은 대답을 하나로 정리하면 '책 읽는 재미를 모른다.'예요. 그렇다면 이 학생들은 책 읽는 재미를 왜 모를까요? 책 읽는 재미를 몰랐던 제 모습이 떠올라요. 책 읽는 재미를 몰라서일 수도 있겠지만 저처럼 책이 재미있다는 것을 알 기회가 없었던 게 가장 클 것 같아요.

학생들이 지금보다 더 어릴 때 저처럼 책을 가까이하지 못한 탓인 거죠. 요즘은 책이 많은데 그게 말이 되냐고 생각할 수 있지만 제가 살핀 건 달라요. 집에 읽을 책 한 권 두는 게 변변치 못할 때와 다르게 지금은 책이 풍족해요. 그렇지만 책만 많을 뿐 그 책에 든 재미는 느끼지 못한다고 생각해요.

학생들이 책 읽는 재미를 느끼지 못하는 건 다른 재미있는 게 가득하기 때문에요. 이런 학생들은 책보다 스마트폰, 놀잇감, 게임기를 먼저 만나니까요. 이런 것이 책보다 재밌는 건 사실이니까요. 화려하고 자극이 큰 영상 속 재미에 빠진 학생들에게 글이 가득한 책이 재미있지 않아요. 책 속 이야기로 상상의 나래를 펴고 긴장감을 느끼는 건 낯설기만 해요. 화려함과 자극에 빠지기 전에 부모님들이 책을 읽어주며 책 읽는 재미에 빠지게 했더라면 하는 아쉬움이 들지만 이미 그때는 지났어요.

늦은 듯하지만 오늘부터 그 재미를 조금이라도 맛볼 수 있게 해 줘야 해요. 이런 학생들에게 "책 보세요." 하는 말로 기회를 많이 주는 것도 좋지만, 책 읽는 재미에 빠져 보게 하려면 읽어 주는 게 가장 좋아요. 선생님이 읽어 주면 학생들이 귀담아듣다가 금세 책 속에 푹 빠지거든요. 선생님이 책을 읽어 주면 학생들은 그 책에 관심을 보여요. 선생님이 읽어 준 책을 저마다 먼저 보고 싶어 해요.

"오늘 이 책은 영근 샘이 들려줄 때 책에 푹 빠졌던 현수가 먼저 보세요."

"저도 보고 싶어요."

"아, 그럼 현수는 이 책을 다 보고 찬영이에게 주세요."

이렇게 읽어 준 책을 학생에게 건넬 때도 있어요. 이때 그 책을 받고 싶은 마음은 누구나 다 같아요. 그러니 누구에게 책을 건네야 할지 선생 처지에서는 고민이 돼요. 교실 모든 학생에게 골고루 돌아가며 책을 받도록 해야 하는데, 이때 꼭 빠뜨리지 말아야 하는 학생들이 있어요. 일부러 더 챙기는 학생은, 다름 아닌 보통 때 책에 푹 빠지지 못하는 학생들이에요.

한번은 유난히 책과 거리가 있던 현수에게 《지각대장 존》을 읽어 준 다음 책을 건넸어요. 현수는 5학년이지만 이 책에 푹 빠져서 읽고 또 읽어요. 현수는 도서관에서 《지각대장 존》을 빌려 몇 번이고 보고 또 봐요. "자, 책 읽을게요." 이 말에 《지각대장 존》을 또 읽던 현수가 곁을 지나던 저에게, "영근 샘, 지각대장 존 재미있어요." 하며 말을 건네요. 현수에게 책 한 권이 온전히 남은 것 같아 기분이 좋았어요.

책을 읽어 주면 책마다 학생들은 다른 모습을 보여요. 《꿩》이라는 책을 읽어 줘요.

- **《꿩》(이오덕, 효리원)의 줄거리**

    4학년 용이의 아버지는 머슴 일을 한다. 옆집 순이는 곰보 얼굴이라는 놀림에 학교를 그만뒀다. 친구들은 용이 아버지가 머슴이라고 용이에게 책보퉁이를 맡긴다. 그러면 그 책보퉁이를 용이가 들고서 학교 가는 고개를 넘는다. 힘들어 쉬던 용이가 던진 돌멩이에 꿩이 하늘 높이 날아오르고 그 모습을 보며 힘을 얻은 용이는 친구들 책보퉁이를 골짜기에 던져 버린다. 그리고 그 친구들과 맞선다. 싸울 듯 덤벼들던 학생들은 힘차게 대드는 용이 모습에 이내 자기 책보퉁이를 찾으러 산을 내려 간다. 용이는 꿩처럼 높이 뛰어오른다.

위 줄거리처럼 처음에 주인공 용이가 괴롭힘을 당할 때는 이야기를 듣는 학생들 얼굴도 찌푸려져요. 주인공인 용이와 같은 처지가 되었어요. 용이가 책보퉁이를 골짜기에 던질 때는 시원해하면서도 친구들에게 더 당할까 봐 걱정도 해요. 이때 용이가 그 친구들에게 더 힘껏 소리 지르자 학생들 표정에도 힘이 가득 들어가고 밝아져요. 통쾌해 하는 표정이에요.

책을 다 읽고서 글똥누기에 생각을 써 보도록 했어요. 이야기를 듣고서 하고 싶은 말을 부담 없이 쓸 수 있게 자그마한 수첩인 글똥누기에 써요. 학생들이 쓴 글을 보면, 짧은 이야기지만 용이 마음을 가슴으로 받아들인 게 보여요. 특히 은진이는 하루 전날 들려준 영근 샘 누나 이야기를 떠올리기도 해요.

- (줄거리 쓴 내용 줄임) 친구가 괴롭힐 때는 당하고만 있지 말자. 용이처럼 자신감을 가지면 된다. 그리고 가난하거나 형편이 안 좋다고 친구를 놀리거나 괴롭히면 안 되겠다고 생각했다. -5학년 박유석
- 용이가 아이들 가방을 던졌을 때 저 멀리 던졌을 때 정말 속이 시원했을 것 같다. -5학년 김솔
- 용이의 용기가 참 대단하다. 나라면 그러지 못할 텐데. 순이라는 아이도 나오는데 선생님이 불러 주신 '앉은뱅이 꽃'인 것 같다. 아차, 선생님 누나 이야기가 떠오른다. 어렸을 때 가난해서 큰누나가 초등학교 졸업하고 공장에 일을 나갔다고 한다. 근데 누나가 죽었다고 한다. 슬프다. -5학년 김은진

학생들에게 책을 읽어 줄 때 주의해야 할 게 있어요. 학생들은 어떤 책이든 읽어 주면 좋아해요. 그래서 선생이 몇 가지를 꼭 신경 쓰며 책을 읽어 줘요.

첫째, 독후 활동으로 기록에 힘써요. 우리 반은 책을 읽거나 읽어 주면 독서록(책나래 담기)이나 글똥누기에 책 제목, 글쓴이, 출판사를 쓰고 책 내용을 간추린 다음 자기가 하고 싶은 말을 기록으로 남겨요. 시간이 없을 때는 책 제목만 쓸 때도 있어요. 그것에 힘쓰며 가끔 책과 시간 여유에 따라 자연스러운 독후 활동을 해요. 이야기 나누기, 등장인물이 되어 묻는 말에 답하기(뜨거운 의자), 몸으로 움직이기 따위가 있어요.

둘째, 책을 선생이 미리 읽고 읽어 줘요. 책을 읽을 때는 학생들 마음과 선생님 마음이 닿는 느낌이 들어요. 그래서 책을 읽을 때는 마음이 포근하니 좋아요. 이렇게 마음과 마음이 닿으려면 읽어 주는 교사가 그 내용에 푹 빠져서 읽어야 해요. 그러려면 책 내용을 제대로 알고 있어야 하는 건 당연해요. 내용을 알아야 책을 읽어 줄 때 그 맛을 제대로 살려서 재미나게 읽을 수 있어요.

셋째, 그림책에서는 그림에 부담 갖지 않으려 해요. 그림책은 그림과 글로 된 책이에요. 글만큼 그림이 중요한 책이에요. 이 점을 모르지는 않지만 그림책을 읽어 줄 때 그림을 꼭 보여 줘야 한다는 부담은 갖지 않아요. 줄글 책 읽을 때처럼 그림책을 들고 교실을 왔다 갔다 하며 그냥 읽어 줘요. 그림은 글을 읽은 뒤 옆으로 빙 돌리며 보여 주는 정도예요. 학생들은 머리를 높이 들고서 그림을 보려 해요. 제대로 보이지 않으니 아쉬워하죠. 그러니 다 읽은 그림책은 서로 먼저 보고 싶어 해요.

아이들은 책 읽어 주는 것에 적응을 마쳤다. 이제는 책 읽어 주는 시간을 참 좋아한다. 주에 한두 권 읽어 주고 있다. 읽어 줄 책 세 권을 칠판에 세워 두고 있다. 오늘은 날씨가 꽤 덥다. 이런 날은 비라도 시원하게 내리면 좋겠다.

"자, 오늘은《비 오는 날 만나요》이 책을 읽어 줄게요."

"와."

"이 책 제목을 보면, 비 오는 날이죠."

책을 잠시 둔다.

"비가 오면 무엇이 좋아할까요?"

"텃밭요."

"그렇겠죠. 그리고 비가 오면 무엇을 할 수 있을까요?"

"관찰이요."

"뭘 관찰할 수 있죠?"

"지렁이요."

"식물요."

"달팽이도 봐요."

이렇게 나누며 나온 이야기는, 흙(만지기, 밟기, 마을 만들기), 살피기(연못, 나뭇잎, 운동장), 맞기(머리, 손, 팔뚝, 얼굴), 먹기, 비 모으기(우산, 병, 손바닥), 놀이(첨벙, 튕기기), 빗소리 듣기, 그림 그리기(흙, 종이에 떨어진 비), 이렇게 할 게 많다.

"우와! 비 오면 할 게 정말 많네요. 6월에는 장마도 지고 비가 많이 올 건데, 비 오면 나가서 놀아요."

"네."

"참, 비가 오면 꼭 가져와야 할 게 있어요."

"우산이요."

"수건?"

"맞아요. 수건. 비 올 때마다 나가서 이렇게 많은 활동을 할 건데, 이렇게 좋은 것도 하지 못하고 교실에만 있어야 하는 일이 생길 수도 있어요. 그게 뭘까요?"

"……."

"뭐냐면, 비 오는 날 잘 놀았는데 다음 날 '선생님, 어제 우리 ○○이가 비로 감기가 들어 학교에 못 가요.' 하는 문자나 전화요. 비 오는 날 신나게 놀아도 아프면 안 돼요. 비 오는 날 감기에 안 걸리려면 어떻게 해야 할까요?"

"수건으로 닦아요."

"몸을 따뜻하게 해요."

"그렇지. 수건으로 닦고 집에 바로 가야 해요. 그렇지 않고 젖은 옷으로 더 놀거나 다른 곳에 들르면 몸에 찬 기운이 들어와서 감기에 걸려요. 그러니 집에 가서 바로 씻거나 옷을 갈아입고 학원 가거나 다른 일을 해야 해요. 이거 지킬 수 있을까요?"

"네."

"그럼 우리 비가 오기를 기다려요."

"네."

"아, 지금 비 오면 좋겠다."

"이제 책 읽어 줄게요." 하고서 책을 읽는다. 십 분이 채 걸리지 않는다. 다 읽고 칠판으로 걸음을 옮긴다. "글쓰기!" 하는 아이들이다. 책을 읽어 주고서는 글로 기록 남기는 게 이제 버릇이 되었다. "그렇지." 하고는 책 제목을 칠판에 쓴다.

"자, 시간을 삼 분 줄 터이니 글로 남기세요. 다른 사람 생각을 깰 수 있으니 삼 분 동안은 말하지 않아요. 그리고 생각을 골똘히 하세요. 줄거리를 쓰거나 책에서 든 생각, 내가 주인공이라면, 비가 내릴 때 있었던 일, 비 오면 하고픈 것 따위를 잘 떠올려 봐요. 그리고 그걸 글로 정성껏 담아내세요." (2014년 5월 28일)

교사가 책 읽는 모습 보여 주기

'선생은 가르치려고 하기보다 보여 주는 삶이어야 한다.'

아침에 교실에 들어서면 늘 하는 일이 있어요. 교실 문을 열고 불을 켜고 고개를 숙여요. 빈 교실에다가 인사하는 거예요. '오늘도 행복하자.'는 바람이기도 하고, '오늘도 잘 살아 보자.'는 다짐이기도 해요. 교실 창문을 열어요. 뒷문을 열고 앞으로 걸어 오며 책상 줄, 칠판을 다시 살펴요. 보통은 줄지어 있고 깨끗한데 그렇지 않은 날에는 손이 가요. 이제 제자리에 앉아서 하루 기록지를 한 장 펴 오늘 날짜를 쓴 다음 글똥누기도 한 줄 써요. 학생들이 아직 올 시간이 아니라면 연구실에 들러 커피를 한 잔 마시기도 해요. 차분한 노래를 틀어 듣기도 해요. 그러고서 학생들이 오기 전까지 하는 일이 있어요. 바로 책을 읽어요.

영근 샘 책상에는 책 받침대가 하나 있어요. 받침대에는 늘 책이 올려져 있어요. 날마다 내가 읽는 책과 온작품읽기로 학생들과 함께 읽는 책, 이렇게 두 권 남짓 있어요. 영근 샘이 읽는 책은 학생들이 보는

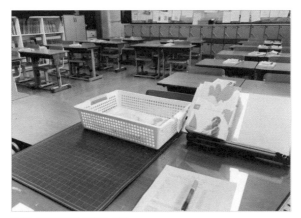
책 읽는 교사의 모습을 보여 주는 책상

책일 때도 있고, 어른이 읽는 책일 때도 있어요. 학생들이 읽는 책을 읽다가 어느 학생이 이 책에 관심을 보이면 "읽어 볼래요?" 하고 건넬 수 있어 좋아요. 더러 어른이 보는 책을 보기도 해요. 이 시간만은 영근 샘도 푹 빠져서 볼 수 있는 책이 좋거든요. 학생들도 우리 선생님이 책에 푹 빠진 모습을 표정으로, 눈빛과 분위기로 알아볼 테니까요.

아침마다 책 읽는 모습을 보이니 좋은 점이 있어요. 우리 반 학생들은 교실에 오자마자 글똥누기를 써요. 글똥누기를 다 쓰면 책 읽는 학생들이 많아요. "책 읽으세요." 하는 말에 책을 읽기도 하지만, 영근 샘이 날마다 책을 읽고 있으니 저절로 그러기도 해요. 아침뿐만 아니라 쉬는 시간이나 점심 먹고도 책 읽을 때가 많아요. 몇몇 학생들은 이때 영근 샘 옆에 와서 함께 책을 읽기도 해요.

책 읽는 모습을 보여 주려고 '읽는 척'할 때도 있어요. 주로 전담 수업을 마치고 돌아오는 학생들에게 책 읽는 모습을 보여요. 학생들이 전담 수업으로 특별실(체육관, 과학실, 영어실……)로 움직여요. 전담 수업하러 갈 때는 영근 샘이 학생들을 데리고 함께 가요. 그런데 돌아올 때는 학생들이 스스로 와요. 학생들이 전담 수업할 때 담임 선생님은 여러 가지를 해요. 영근 샘은 주로 학생들 일기를 봐요. 밀리거나 빨리 처리해야 할 업무를 해요. 다음 시간 수업 준비를 하기도 하고 차 한잔 즐기며 쉬기도 해요.

어떤 모습이든 학생들이 올 시간이 다가오면 하던 일을 멈춰요. 책상에 있는 책을 꺼내 읽는 척 연기해요. 학생들이 문을 열고 교실에 들어서며 "다녀왔습니다." "영근 샘, 다녀왔어요." 하고 인사해요. 이때 연기를 한 번 더 해요. 그 소리를 못 들은 척하는 거예요. 한 번 더 인사하거나 다른 학생들도 인사할 때면 "아이고 미안. 책 읽는다고 못 들었어요. 수업 재미있게 했나요?" 하며 책에 푹 빠져 못 들은 척 연기해요.

앞서 우리 반은 "우리, 책 볼게요." "책 읽으세요." 같은 말을 많이 한다고 했어요. 무엇을 하고서 자투리 시간이 날 때면 책 읽는 게 기본이에요. 이때 되도록 나도 함께 읽어요. 나도 책을 읽을 수 있어 좋아요. 주로 내 자리에서 읽어요. 시끄럽거나 날씨가 더워 학급 분위기가 조금 산만할 때, 집중이 안 될 때는 책을 들고 교실을 돌아다니면서 읽기도 해요. 이때는 일부러 소리 내어 읽기도 해요. 학생들이 무엇을 할 때 선생님도 함께하면 학생들은 훨씬 더 그 활동에 집중을 잘하거든요.

학생들에게 책 읽는 모습을 자주 보이려고 하는 까닭이 있어요. 학생들에게 "책 읽으세요." 하고 말하기보다 '책 읽는 모습'을 보이려고 애를 써요. 책이 좋고 책 읽기가 좋은 거라면, 그 좋은 것을 선생님도 함께하는 거예요. 그래서 학생들이 책을 읽을 때 함께 책을 읽어요. 틈날 때 영근 샘도 책을 읽어, 학생들에게 자연스럽게 책 읽는 영근 샘 모습을 많이 보여 주는 거예요. 학생들은 교실에서 담임 선생님을 가장 많이 봐요. 아침에 교실에 들어서며 선생님을 봐요. 수업 시간에는 선생님을 계속 보기도 해요. 전담 수업하고 돌아와 교실에서 만나는 것도 담임 선생님이에요. 쉬는 시간이나 점심에도 선생님과 함께 시간을 보내요. 이때 선생님이 보이는 표정, 말투, 자세, 주로 하는 활동 따위는 학생들에게 영향을 미칠 수밖에 없어요.

그런 담임 선생님이 틈날 때 책을 봐요. '우리 선생님은 책을 좋아하는구나.' 학생들에게는 선생님 모습이 이렇게 보일 거예요. 이때 영근 샘은 재미난 '삼단 논법'을 학생들에게 적용해요.

① 시간이 흐를수록 나(학생)는 영근 샘이 좋다.

② 내가 좋아하는 영근 샘은 책을 좋아한다.

③ 나도 영근 샘처럼 책을 좋아한다.

이런 삼단 논법을 위해 영근 샘은 학생들과 조금 더 사랑하는 관계가 되려고 한 해 동안 노력하는 건 기본이에요.

하나만 더 보태면, 학생들에게 보여 주려고 책을 읽지만 이렇게 읽은 책은 나를 가꿔요. 어린이책이든 어른 책이든 날마다 조금씩 꾸준히 읽어요. '(그림책을 읽고) 이 책 재미있네. 읽어 줘야겠다.' '《최재천의 공부》(최재천, 안희경, 김영사)를 읽고) 역시 토론이 중요해. 계속 실천해야지.' '《아버지의 해방일지》(정지아, 창비)를 읽고) 아, 슬프다. 그런데도 재밌다.' 날마다 조금씩 읽는 책 내용이 차곡차곡 쌓여요. 이렇게 읽은 책 내용은 학생들에게 들려주거나 읽어 줄 거리가 돼요. 어릴 때 책과 거리가 멀던 영근 샘 처지에서는 모르던 것도 알게 되니 더 좋아요. 무엇보다 날마다 책을 읽으니 책 읽기가 재미있어요.

책에 푹 빠지다.

점심시간에 학생들은 바쁘다. 노는 학생들, 모둠 활동하는 학생들, 기타 연습하는 학생들. 나는 책을 폈다. 어린이책을 읽는다. 학생들과 함께 있을 때는 주로 어린이책을 본다. 십 분 남짓 책을 읽는데, 오후 수업 준비 종이 쳤다. 학생들은 하던 것을 정리한다. 곧 오후 수업으로 음악이다. 이어 수업 시작하는 종이 친다.

나는 그대로 책을 보고 있다. 학생들은 자기 자리에 앉아 이야기 나눈다. 나는 계속 책을 본다. 학생들은 자기들끼리 이야기를 나누고 나는 계속 책을 본다. 학생들이 부를 때까지 보려고 한다. 삼 분이 지났을 것 같다. 책을 보던 나를 살짝 건드리는 ○○. 책을 멈춘다.

"(아주 작은 소리로) 선생님, 수업 시작했어요."

"(아주 큰 소리로) 아, 그래? 책 읽는다고 몰랐다야. ○○야, 고마워. 나에게 말해 주지 않았으면 수업 못 할 뻔했다. 이 책 다 읽으면 줄 테니 읽어 봐. 정말 재밌어."

어린이책을 다 읽으면 학생에게 준다. 학생은 그 책을 다 읽고 학급문고에 꽂거나 도서관에 반납한다.

"혹시 영근 샘처럼 책에 빠져서 시간 가는 줄 몰랐던 적 있나요?"

"비 오는 날 책을 읽는데 책이 재미있어 시간 가는 줄 몰랐어요."

"우와, 멋져요. 비가 오는 날, 토닥토닥 떨어지는 빗소리를 들으며 책을 읽는다. 비 올 때는 무엇을 하건 멋진 것 같아요. 책을 보건, 노래를 듣

건, 일기를 쓰건."

"마을도서관에서 11시에 책을 보며, '한 시간만 읽어야지.' 했는데 시간을 보니 12시가 지나서 놀란 적이 있어요."

"책에 푹 빠지면 시간이 일찍 가는 것 같아요. 우리도 수업으로 책 읽는 시간을 자주 갖잖아요. 책을 볼 때 시간이 잘 가는 사람도 있고, 아직 책에 익숙하지 않은 사람들은, '아, 시간이 왜 이렇게 안 가지.' 하며 이 책 들었다, 저 책 들었다 할 수 있어요."

"저도 그런 적이 있어요. 처음에는 방학 숙제로 책 읽었는데, 책 읽다가 학원에 늦은 적이 있어요."

"맞아요. 책에 빠졌더니 시간이 후딱 가 버린 거죠. 책을 숙제로 읽었지만, 재미에 푹 빠졌네요. 우리가 교실에서 책을 자주 보는 까닭이기도 해요. 책에 푹 빠지는 경험, 그래서 시간이 후딱 가 버리는 경험을 했으면 하고 책 보는 시간을 많이 가져요. 읽다 보면 그런 때가 있으니. 우리 앞으로도 더 자주 책 읽어요."

"잠자기 전 9시에 책을 읽었는데, 엄마가 조금만 읽다가 자라고 했어요. 읽다 보니까 식구가 모두 자고 있었어요. 제 방에만 불이 켜 있어 무서웠던 적이 있어요."

"아, 누워서 자며 책 보는 맛도 있어요. 영근 샘은 책을 보다가 콜콜콜 자 버리는데 (아이들이 웃는다), 그러지 않았군요. 그런데 엄마가 보고도 왜 자라고 하지 않았을까요?"

"기특해서요."

"그럴 것 같아요. 일찍 자야겠지만 책에 푹 빠진 모습을 깨뜨리고 싶지 않았을 것 같아요."

"저도 그런 적 있어요. 엄마랑 같이 잤는데, 제 침대 옆에 책장이 있어요. 책을 꺼내서 보는데 책을 보다 보니까 시간이 10시가 넘은 거예요. 원래는 9시에 자거든요. 그때 보니 엄마는 제 옆에서, 아빠는 큰방에서 코 골고 자고 있어 제가 불 다 끄고 잤어요."

"(나를 톡톡 쳤던 학생) 재궁 공원에 책 보러 나갔을 때 (지난주에 나갔다), 책 읽고 있는데 갑자기 종이 치는 거예요. 벌써 마칠 시간인가 하는 생각이 들었어요."

"공원에서는 책에 집중하기 힘든데, 책에 푹 빠졌군요. 여러분도 이런 경험이 있을 거예요. 오늘은 남은 이십 분 동안 책을 읽을게요. 음악 수업이 감상 수업이니 책 읽으며 감상해요. 오늘 감상은 '바이올린'으로 연주하는 노래예요. 바이올린 연주를 들으며 책에 푹 빠져 보세요."

학생들은 책을 골라 읽는다. 다른 때보다 더 빨리 조용하다. 다른 때보다 조금 더 깊다. 책에 푹 빠진 모습이 좋다. (2018년 10월 16일)

학부모와 책 이야기 나누기

책을 읽지 않는 우리 아이

담임 교사를 하면 학부모와 만날 때가 있어요. 해마다 한두 번 상담 기간에 학부모를 교실에서 직접 만나거나, 교실에 오기 어려운 학부모라면 전화로 상담해요. 물론 상담은 학부모가 신청할 때 하는 것이라 모든 부모와 상담하는 것은 아니에요.

담임 교사 처지에서, 그 크기는 사람마다 다르겠지만, 학부모와 상담이 부담이에요. 특히 학급살이로 힘들어하는 학생, 친구들이나 선생님과 관계가 서툰 학생, 부모와 마찰이 있는 학생 문제로 부모와 상담할 때는 더 그래요. 그래서 정해 둔 상담 원칙이 있어요. '듣고 또 들어야지. 처음에는 말하지 않고 들어야지. 삼십 분 상담이라면 이십 분은 들어야지. 듣다 보면 도움말이 떠오를 거야.' 부모가 보는 학생 모습을 계속 들으며 그 길을 찾아 나가요.

학부모님들과 만나 이삼십 분 남짓 말을 나누다 보면 '아이를 생각하는 마음'이 정말 간절하다고 느낄 때가 많아요. '우리 아이를 위해' 무엇이든지 하겠다는 마음이 가득해요. 그 마음에 조금이라도 보탬이 되었으면 해서 더 많이 들으려고 하고, 부모들에게 드리는 도움말도 더 조심스러울 수밖에 없어요.

이때 학부모들이 가장 많이 하는 고민 가운데 하나가 다름 아닌 '책'이에요. 아이가 책을 안 읽는다며 고민해요. 책을 곧잘 읽던 아이가 어느 순간 책과 거리를 둔다고 걱정해요. 문제가 있다면 그 원인이 있기 마련이에요. "아이가 왜 책을 안 읽게 되었나요?" 하고 물으면 부모님 대답은 사실 비슷해요.

① 스마트폰을 하면서부터 책을 읽지 않는다.

② 게임에 빠져 책을 읽지 않는다.

③ 뛰어논다고 책을 읽지 않는다.

스마트폰, 게임, 놀이……. 학생들이 한번 시작하면 푹 빠질 정도로 재미가 있어요. 특히 스마트폰에는 온갖 즐거움이 가득해요. 영상, 사진, 노래뿐만 아니라 에스앤에스까지. 한번 잡으면 손에서 떼기가 쉽지 않아요. 스마트폰으로 게임까지 할 수 있으니 더 그럴 수밖에요.

축구나 춤에 푹 빠진 학생들도 있어요. 스마트폰이나 게임과 달리 몸을 움직이니 조금 낫다는 생각이 들면서도, 실컷 땀 흘리고 집에 와서는 정작 해야 할 일을 하지 못하고 녹초가 되어 뻗으니 그것도 걱정이에요.

이런 걱정은 스마트폰, 게임, 놀이를 그만두지 않는 이상 고치기가 쉽지 않아요. 기본부터 하나씩 천천히, 오랜 시간을 들여야 하는 일이라고 생각해야 해요. 책을 읽는 일이 아이에게 버릇이 되어야 하거든요. 버릇이 든다는 건 한두 번 힘준다고 되는 게 아니니까요. 아이에게 버릇이 되게 하려면 그전에 바뀌어야 할 게 있어요. 바로 '우리 집 문화'를 바꿔야 해요. 우리 집 문화로 '책 읽는 분위기'를 만드는 거예요. 그러기 위해서는 오랜 시간이 걸릴 수밖에 없어요.

집에서 책 읽는 분위기 만들기

첫째, 책과 함께하는 환경을 만들어요.

집 거실을 떠올려볼게요. 아이와 앉을 때 무엇이 중심인가요? 집마다 다르겠지만 많은 집에서 텔레비전이 중심이에요. 이번에는 아이 방을 살펴봐요. 무엇이 중심에 있나요? 보통은 아이 침대가 공간을 크게 차지하고 책상, 놀잇감이 있을 거예요. 책상에는 학교나 학원에서 배우는 것과 관련한 참고서나 문제집이 있고요. 이런 분위기를 조금만 바꿔 봐요.

아이가 클 동안 거실에서 텔레비전을 치우는 집도 많아요. 그 대신 거실 가운데나 창가에 책 읽을 수 있는 커다란 책상을 둬요. 거실 벽 책상 가까이에는 책꽂이를 놓고 책을 두어요. 아이 방에도 책상 가까

집에서 책과 함께하는 환경 만들기

운 책꽂이에 아이가 읽는 책을 꽂아 두어요. 책이 많지 않아도 괜찮아요. 아이가 좋아하는 책이면 돼요. 그런 책을 한두 권씩 늘려 나가요. 전집으로 책을 한꺼번에 많이 사 주면 도리어 손이 잘 가지 않아요. 몇 권씩 차츰 늘려 가는 게 좋아요.

아이가 좋아하는 책을 사는 게 좋지만 다 살 수 없어요. 이럴 때 부모들은 집 둘레에 있는 도서관을 활용해요. 책을 많이 읽는 학생들의 공통점이에요. 마을 도서관이나 학교 도서관을 부모와 같이 다니는 학생들은 보통 책을 가까이 해요. 도서관에서 빌려 읽다가 아이가 유난히 좋아하는 책이라면 그걸 사서 선물하는 거예요. 책을 선물받는 즐거움을 느끼게 해 줘요. 우리 반에서는 교실에서 온작품읽기로 함께 읽는 책을 사서 아이에게 선물하는 부모가 있었어요. 그 학생은 온작품읽기로 책을 읽는 동안에는 학교에서도 집에서도 책을 읽으며 그 이야기에 푹 빠져 살았어요.

둘째, 책 읽는 시간을 가져요.

아이가 좋아하는 어떤 무엇에 푹 빠져 있다면, 책 읽는 시간을 만들어 봐요. 책 읽는 시간을 만들 때 꼭 지켜야 할 점이 있어요. ① 식구 회의로 책 읽는 시간을 정한다. ② 이 시간에는 식구들이 모두 책을 읽어야 한다. ③ 정말 불가피한 일이 아니라면 이 시간을 꼭 지킨다. 이렇게 정한 시간에는 다른 것을 하지 않아요. 모두가 함께 앉아 책을 읽어요. 책 읽기가 익숙하지 않은 집이라면 처음부터 너무 긴 시간을 잡지 말고 삼십 분 남짓이면 좋을 것 같아요. 의자에 앉아 있는 게 익숙하지 않은 아이들에게는 삼십 분도 긴 시간일 테니까요.

처음에는 아이가 무척 힘들어할 거예요. 그러니 격려와 응원이 필요해요. 과일 같은 간식거리도 준비해서 책 읽는 시간이 즐거운 시간이었으면 해요. 가끔 학부모 상담 때 "혹시 ○○가 책 읽을 때 부모님은 뭐 하세요? 책을 같이 보시나요?" 하고 물어보며, "그때 책을 같이 보세요." 하는 도움말을 드려요. 같이 읽으면 부모가 책 읽으라고 말로만 하는 것보다 훨씬 더 큰 힘이 있어요. 같이 책을 읽다 보면 아이가 모르는 것을 물을 수 있어요. 그 뜻을 아이가 알아들을 수 있게 말해 주는 것, 이게 문해력을 키우는 데 더없이 좋은 기회예요.

아이가 어리다면 부모가 같이 책을 봐요. 한 권은 아이가 직접 읽게 하고 다른 한 권은 부모가 읽어 주어도 좋아요. 아이가 컸다면 같은 책을 따로 읽어도 좋아요. 도서관에서 아이가 볼 책과 같은 책을 빌려 읽고 이야기 나누는 거예요. 이때 책을 제대로 읽었는지 시험하지는 않아야 해요. 책을 읽고 재미났던 것, 떠오른 생각, 내가 주인공이라면 어떻게 했을까 같은 생각을 편안하고 자연스럽게 나누는 게 좋아요.

희문이, 수민이와 독서토론하는 모습

초등학교 저학년이라면 책 내용과 비슷하게 아이가 겪었던 경험을 이야기해도 돼요.

이런 시간을 오래오래 가지다 보면 저절로 독서토론이 될 수 있어요. 영근 샘은 아들 희문, 딸 수민이와 7년 동안 일요일마다 토론을 했어요. 이때 사는 이야기로 토론하기도 하지만 함께 책을 읽고 독서토론하기도 했어요. 또 영근 샘과 한마을에 사는 친구는 5학년 때부터 딸과 같은 책을 읽고 금요일 저녁마다 이야기 나누더니, 딸이 중학교 3학년이 될 때까지 이어 나가요. 이렇게 꾸준히 한다는 게 쉬운 일은 아니지만, 학원에 보내는 것보다 더 좋은 공부라는 생각이 들어요.

셋째, 서점 나들이를 자주 해요.

"아이와 가끔 중심 상가로 나들이 나가시나요?"

"네, 주말에 가요."

"그럼 큰 서점이나 중고 서점에 들르세요. 같이 가도 좋고, 부모님께서 장 볼 때 아이에게 서점에서 기다리라고 하면 좋아요."

학부모 상담 때면 꼭 하는 말이에요. 아이들은 부모님과 함께 주말에 중심 상가로 나들이 가는 걸 좋아해요. 음식점도 가고 아웃렛에서 좋아하는 물건도 살 수 있으니까요. 부모님 따라 커피 가게에서 맛있는 걸 먹을 수도 있고요. 이렇게 좋은 마음으로 나들이 나갔을 때 아이와 서점도 들러요. 중고 서점을 얘기한 까닭이 있어요. 새 책은 비닐로 씌워져 있는데 중고 서점에서는 편하게 살펴볼 수도 있거든요. 새 책보다 값이 싸기도 해요. 책상과 의자도 있고요.

이때 아이 마음에 드는 책을 한두 권 직접 고르라고 해요. 아이는 분명 좋아할 거예요. 부모님도 아이가 읽을 만한 책을 골라 넌지시 건네 봐요. 아이가 받아들이지 않겠어요? 아이가 고른 책, 부모가 골라 준 책, 그렇게 책 두 권을 사 집에 오면, 아이는 자기가 좋아하는 것을 먼저 보겠지요. 그때, '○○야, 나랑 같이 책 보자.' 하며 같이 앉아 읽어요. 서점은 아이가 좋아하는 곳이 될 거예요.

책 고민 들어 주기

3학년 학생들과 지낼 때였어요. 학부모 상담을 해요. 학부모에게 이런저런 걸 물으며 그 학생을 조금씩 알아 갈 무렵, 학부모께서 '우리 아이 책 읽기'로 고민을 말해요.

"아이가 고민이라며 엄마한테 책을 읽고 무슨 뜻인지 잘 모르겠다고 하더라고요. 이 말을 듣고 깜짝 놀라, '아, 책을 너무 안 읽었구나.' 하는 생각이 들었어요. 그래서 제가 제안했어요. 날마다 책 읽으면 한 주 뒤에 보상을 하겠다고."

"네, 저라도 그런 생각할 것 같아요. 어머님 나름대로 고민한 해결 방법이니 그 방법이 옳고 그르다고 말씀드릴 수는 없어요. 다만 어머님이 정해 준 책을 읽을 때가 더 많은데, 그게 아이가 재미있을지 모르겠어요. 아이에게 읽게 하는 책이 어떤 책인가요?"

"저는 한국사 책을 줘요. 작게 작게 재미난 책이라 6학년인 형이 좋아했거든요. 가끔 유치원 다니는 동생이 보는 그림책을 보려고 할 때가 있어서, 그건 네 수준이 아니라고 말하곤 해요."

"어머니, 아이가 글을 읽고 이해를 못한다는 것은, 머리에 그림이 그려지지 않는다는 것일 수 있어요. 그렇다면 ○○가 보고 싶어 하는 그림책이나 만화책으로 책 읽기를 시작하는 것도 좋아요. ○○가 읽고 싶은 책을 고르게 할 때 그림책이나 만화책을 고른다면 그걸 굳이 막지 않았으면 해요. 자기가 읽을 수 있는 책을 즐겨 읽어야 오래 가겠죠."

어머니는 그림책은 어린아이만 보는 책이라 생각했어요. 그 자리에서 ○○ 어머니께 교실에 있는 그림책을 한 권 읽어 보자고 제안했어요. 어머니도 읽겠다고 해서 그림책 《까마귀 소년》(야시마 타로, 비룡소)을 골라서 건넸어요. 영근 샘도 그 옆에서 다른 그림책을 읽었어요. 책 읽기를 마친 어머니가 말하길 기다렸어요.

"생각을 바꿔야겠군요." 하고 말해요. 저도 말을 보탰어요.

"저도 책 읽기를 어려워했어요. 난독증이 아닐까 생각도 했어요. 저는 지금도 글을 읽고 이해가 안 되곤 해요. 쉬운 것부터 읽다 보니 조금씩 나아지고 있어요. 아이들도 그럴 것 같아요. 아직 3학년이니 그림책도 괜찮아요. 그리고 저는 지금 제가 읽은 책을 읽을 때마다 어머니와 상담한 오늘이 생각날 거예요. 아이에게도 이렇게 좋은 장면으로 책 읽는 모습이 차곡차곡 쌓이면 좋겠어요."

어머니께서 그렇게 해 보겠다고 하셨어요. 학부모님과 같이 마주 앉아 상담 시간에 그림책을 읽은 건 처음이에요. 같이 읽길 잘했어요.

TIP 책 읽기로 고민하는 학부모에게 드리는 도움말

1. 같은 도움말

- "책보다 재미있는 게 많으니까요. 게임, 유튜브, 놀이 같은 게 더 신나잖아요. 시간을 정해 보세요. 아이가 신나게 하는 것과 책 읽기 모두 시간을 정하는 게 좋겠죠."
- "참, 이렇게 조금, 한두 달 해도 아이에게 그 효과가 잘 드러나지 않아요. 보통 이럴 때 아이에게 화를 내요. '이렇게까지 했는데도!' 하면서요. 그런데 아이 교육이나 아이의 성장은 시간이 오래 걸려요. 긴 시간을 갖고 하도록 해요. 저도 학교에서 관심을 쏟을게요."

2. 조금씩 다른 도움말

- "식구끼리 관계가 좋던데 외식 때마다 서점에 들르세요. 삼십 분이나 한 시간 더 시간 내어 나갈 때마다 중고 서점에 들러요. 거기서 책을 구경하고 사기도 하세요. 나갈 때마다."
- "아이가 책 보는 힘이 떨어진다면, 아이가 좋아하는 것을 보게 두세요. 아이들은 본 걸 또 봐요. 그게 만화일 수도 있어요. 괜찮아요. 책 읽는 시간마다 똑같은 책을 보더라도 그냥 두세요."
- "아이가 주로 있는 곳에 책을 두세요. 거실이든 아이 방이든 아이가 손 뻗으면 닿을 곳에 책을 두세요."
- "집에 책이 많지만 잘 안 보는군요. 번거롭더라도 아이가 주로 보는 책으로 꽂으세요. 아이가 보는 책이 가장 잘 보이는 곳에, 아니면 아이가 보는 책만 꽂는 책꽂이를

만드세요."

- "가장 어려운 건데, 부모님도 함께 읽어 보세요. 가장 어려운 일이죠."

- "같이 못 보더라도 책 보는 시간에는 부모님도 주의하세요. 책 읽는 시간에는 텔레비전을 틀지 않는 것 따위죠."

- "학교에서 제가 도와드릴게요. 아이에게 집에서 책 읽는 시간이 얼마나 되는지 물어보고, 집에서 주로 읽는 책이 무슨 책인지 물어볼게요."

- "3학년이라 아직은 어려요. 읽어 주는 걸 좋아한다면 지금은 읽어 주세요. 읽기 독립이라는 말을 너무 의식하지 마세요."

- "마을 도서관이나 학교 도서관에서 책을 계속 빌리다가 멈추셨다는데 계속해 주세요. 아이도 할 수 있으니 그걸 맡기세요. 꾸준히 빌려 보게 해 주세요."

- "책 읽고 기록 남기는 건 안 해도 되지 않을까요? 아이가 그걸 부담스러워하니, 그건 학교에서 할게요. 집에서는 편하게 보도록 해 주세요."

참사랑땀 반 책 읽기 방법들

가을 아래 책 읽기

가을 아래 책 읽기 첫날

"오늘 새로운 걸 해 보려 해요."

2학기 어느 날, 국어 시간에 말했어요. 여름방학을 마쳤지만 아직은 더워요. 더위에 지친 학생들은 '뭘까?' 하는 궁금증에 눈빛이 달라져요. 이런 궁금증은 새로운 무언가를 할 때 가장 좋은 힘이 돼요.

"이름하여 가을 아래 책 읽기."

"가을 아래 책 읽기?"

"오늘 아침에 몇몇 학생이 글똥누기에 '햇살이 너무 좋다.'고 썼어요. 이렇게 좋은 가을이니, 밖에 나가서 가을 아래에서 책을 읽으려 해요. 괜찮나요?"

"네, 좋아요."

"차례는 이래요. 먼저 읽고 싶은 책을 고르세요. 함께 교실 밖을 나가 책 읽을 곳, 주로 나무 아래 같은 그늘이겠죠. 그리고는 책에 푹 빠지면 돼요."

"네." 하고 큰소리를 지르는 학생들이에요. 마음은 벌써 교실 밖을 나가고 있어요. 교실에서 하는 수업이 아무리 신나도 교실 밖에서, 그 것도 운동장에서 하는 수업에 견줄 수 없어요. 이렇게 들뜬 마음을 가 라앉혀야겠어요.

"그런데 가을 아래 책 읽기를 오늘 하루로 끝낼 수도 있고, 다음에도 하면서 겨울이 올 때까지 이어 갈 수도 있어요. 조건을 따른다면요."

"뭔데요?"

"조건은 세 가지예요. 먼저, 책 읽을 때 친한 친구와 함께 보고 싶을 거예요. 당연하죠. 친구와 앉아서 읽는 거 좋아요. 둘이서 서로 등 을 기대고 읽을 수도 있어요. 다만 책을 안 읽고 이야기만 나누면 안 돼요. 할 수 있나요?"

그 정도는 충분히 지킬 수 있다며 "네." 하고 큰 목소리로 대답해요. 물론 밖에 나가서 책을 읽으면 친구들과 어울려요. 그러다 자연스럽 게 이야기도 주고받기 마련이에요. 이때, "이야기는 그만. 책에 집중하 세요." 하면 이야기를 멈추고 책으로 마음을 옮길 수 있어요. 이렇게 미리 말해 두기만 하면요.

"두 번째는 가을 아래 책 읽기는 바람 불고 하늘 높으며 나뭇잎 고 운 가을을 느끼며 책 읽는 거예요. 그래서 놀이터는 안 돼요. 나무 아래, 풀 위, 의자 같은 곳에서 보세요. 하나만 더, 한번 앉은 자리는 그대로 지켜 주세요. 어떤 사람은 여기 앉았다, 조금 있다가 저기로 갔다가 하며 옮기고 해요. 아무리 좋은 자리에 앉아도 다른 사람이 앉은 곳, 다른 장소가 더 좋게 보여서 그러겠죠. 그러지 말고 한곳

가을 하늘 아래 책 읽는 학생들

에서 진득하니 앉아 책을 읽으면 좋겠어요. 왜 그럴까요?"

"책 읽기에 집중해야 하니까?"

"네, 맞아요. 우리가 귀한 시간을 내어서 나가는 건 좋은 가을 아래에서 책에 푹 빠져 보기 위해서예요. 할 수 있겠나요?"

학생들에게 새로운 무엇인가를 하자고 할 때 다 이런 반응은 아니에요. 낯설고 부담스러워 싫다는 학생이 꼭 있어요. 그런데 이 활동, '가을 아래 책 읽기'는 아직까지 거부하는 반응을 만난 적이 없어요. 언제든 비슷해요. 큰소리로 대답하며 설레기까지 해요. 교실을 벗어나 밖에 나간다는 말만으로도 마음이 들뜨니까요. 나가서 놀거나 운동하면 더 좋겠지만 책을 읽기로 해요. 책 읽기, 그게 우리 학생들에게는 큰 부담이 되지 않아요.

밖에서 책을 읽으면 책에 집중하는 힘이 떨어질 수밖에 없어요. 처음 밖에 나갔다가 들어와서는 "오늘 오 분이건 십 분이건 책에 푹 빠진 느낌이 든 사람 있나요? 운동장에 있던 학생 소리가 안 들리고, 불어오는 바람이 잠깐 멈췄던 사람 있나요?" 하고 물어요. 이 물음에 몇몇은 꼭 손을 들어요.

가을 아래 책 읽기 잇기

'가을 아래 책 읽기' 할 시간은 언제가 좋을까요? 주간학습안내에 미리 넣어서 제대로 하면 좋겠지만 그러기에는 이 시간을 주마다 둘 만큼 교육과정이 여유롭지는 않아요. 틈날 때 "책 보세요." 하는 말을 "가을 아래 책 읽기 하러 나갈게요." 하고 바꾸어 말하는 정도예요. 가끔은 시간표를 미리 살피니 오늘이나 내일쯤 책 읽을 시간이 날 것 같아요.

이럴 때는 "오늘 수업 집중해서 하면 오후에는 가을 아래 책 읽기 할 수 있겠어요." 하며 오늘 하루 잘 살아 보자고 꼬드기는 말을 해요.

'가을 아래 책 읽기'를 하는 까닭은 앞에서 다 드러났지만 정리해 보자면 '좋은 가을 날씨에 책을 보자.'는 거예요. 가을 날씨에 교실 밖으로 나오면 좋다는 생각이 절로 들어요. 하늘과 구름, 바람, 나뭇잎, 그늘 같은 가을 날씨가 좋을 수 있고, 교실을 벗어나 운동장이라서, 친한 친구와 함께해서, 공부 같지 않아서 좋을 수도 있어요. 이때 영근 샘이 바라는 것은 '아, 이렇게 좋은 때에 책을 보는 것도 괜찮네.' 하고 떠올리는 거예요. 물론 처음부터 이런 생각 하는 학생은 몇 안 될 수 있어요. 그렇지만 이런 시간을 자주 가진다면 점차 늘어나지 않을까요.

이렇듯 '가을 아래 책 읽기'는 좋은 가을 날씨를 즐기며 책 보는 활동이에요. 굳이 가을이 아니어도 괜찮아요. '봄 아래 책 읽기'도 좋고, '여름에 시원한 책 읽기'로 시원한 에어컨 아래에서 책 읽거나, 운동장 스탠드에서 양동이에 시원한 물을 받아 발 담그고 책 읽을 수도 있어요. '겨울 따뜻한 책 읽기'도 할 수 있을 거예요. 그 방법은 상상하기 나름이겠죠. 틈날 때마다 이런 활동을 하고 싶다면 이름에 계절을 넣지 않고 '좋은 날 책 읽기'로 하는 건 어떨까요? 그럼 학생들이 "선생님, 오늘 날씨 좋은데 책 읽으러 나가요." 하며 도리어 꼬드기지 않을까요?

가을은 독서의 계절

2학기 개학하는 날, 마지막 4교시예요. 책 읽으면 좋겠다는 생각이 들어 물었어요.

"가을은 무슨 계절인지 아나요?"

대답이 없어요. '축구'라고 답하기도 했지만 잘 안 떠오르는지 조용해요. 한 학생이 자그맣게 말하네요.

"독서요."

"와, 그걸 아는군요."

"들었어요."

"네? 가을이 왜 독서의 계절이에요?"

"……."

"아, 못 들어 봤군요. 자, 여기를 한번 보세요."

컴퓨터 화면을 텔레비전으로 보이며 '가을은 독서의 계절'을 검색하니 관련 그림과 사진이 나와요. 그제야 이 말을 처음 들은 학생들도 "정말 그렇네." 하며 믿어요. 조금 더 이야기에 꼬리를 물어 봐요.

"가을은 왜 독서의 계절일까요?"

또 대답이 없어요. 그런데 이번에는 대답이 바로 나오지 않는 까닭이 이 앞과는 달라요. 학생들이 골똘히 생각해요. 그러더니 손이 조금씩 올라와요. 하나하나 들어 봐요.

"시원하니까요."

"그러게요. 시원하니 책 읽기 좋겠네요."

"한글날이 있으니까요."

"와, 그런 생각까지 하다니, 놀라워요."

"바람 소리 들으며 읽을 수 있어요."

"아, 좋아요."

"조용하니까요."

'가을은 독서의 계절'로 책 읽는 학생들

"조용하니 가을 느끼며 책 읽으면 더 좋죠."

"나뭇잎이 떨어지는데 그때 책을 읽어요."

이 말을 들은 다른 아이가 "와, 감성적이다." 맞장구쳐요.

"자연과 함께할 수 있어요."

"그렇죠. 바람, 구름, 나뭇잎들과 함께."

학생들이 말한 걸로도 충분해요. 학생들 말만 들어도 가을은 책 읽기가 좋은 때예요. 이제 학생들과 책 읽으러 나가야겠어요.

"우리 지금 나들이 가는 시간인데, 책을 가지고 나갈 거예요."

"책이요?"

"네, 책 가지고 가서 정말 가을은 독서의 계절인지 느껴 볼게요."

학생들은 자기가 읽을 책을 한 권씩 챙겨요. 개학하고 처음 하는 나들이라 우리는 학교를 한 바퀴 돌아요. 다 같이 사진도 한 장 찍어요. 이제는 책 읽을 시간이에요.

"자, 책 읽을게요. 읽고 싶은 곳에서 읽으세요."

학생들이 신나게 움직여요. 스탠드에 앉은 학생들, 의자에 앉은 학생들, 나무 아래에 앉은 학생들도 있어요. 그림책을 가져온 학생들은 책을 다 읽고는 다른 친구와 책을 바꿔 읽어요. 자리를 이리저리 오가는 학생들도 있어요. 처음이니 하고 싶은 대로 둬요. 영근 샘도 챙겨 온 책을 읽어요.

'가을은 독서의 계절'을 마치고 교실로 들어와요. 점심시간이에요. 우리 학교는 급식을 교실에서 해요. 밥을 맛나게 먹은 학생들이 집에 가요. 집에 가는 학생들에게 "오늘은 뭐가 좋았나요?" 하고 물어요. 영근 샘 물음에 학생들은 오늘 좋았던 것을 말해 줘요.

"친구들하고 나가서 책 읽은 게 좋았어요."

그러며, 영근 샘과 서로 "사랑합니다." 인사하고 헤어져요.

그다음 학생도 '가을은 독서의 계절'을 말해요. 한결같이 책 읽은 게 좋다고 해요. 그만큼 좋았나 봐요. '가을 아래 책 읽기'로 하는 학급살이지만 이번에는 '가을은 독서의 계절'로 해요. 어쨌든 책에 풍덩 빠질 가을은 같으니까요.

"자, 마지막 시간은 학교 옆 공원에서 책 읽을게요."

가을 하늘 아래, 가을바람 받으며 책에 빠지길 바란다. 물론 친구들과 이야기 나누고, 책을 보다 말다 한다. 그래도 좋다. 가을 아래 책 보며, '아, 좋다.' 하는 생각이라면. 그래도 올해는 다른 때보다 책에 빠진 모습이 더 많다. 돌아다니는 학생들도 없다. 물론 이야기 나누는 아이들이야 있지만. 다행히도 햇살이 정말 좋다.

진솔이가 운동 시설에 누웠다.

"분위기 잡으려면 앉아서 책 보고, 책 보다 자고 싶으면 진솔이처럼 누워서 보세요."

돌아가니 정유민과 서연이가 바위에 앉아 책을 본다. 그림이다.

"선생님, 나무 위에서 봐도 돼요?"

"그럼."

이리저리 책 읽을 곳을 찾던 신이는 나무에 올라서 꽤 오랜 시간 책을 본다. 교실에서도 이렇게 오랜 시간 책을 보지 않는데.

돌아가니 현수와 광탁이가 나무 밑에 누웠다. 나뭇잎을 가득 쌓고서는. 나뭇잎 침대를 만들어 누운 게다. 참 편하게 보인다. 몇몇은 이야기 나누거나 놀고 있다. "책 보자." 하니 후다닥 책 보는 모습으로 바뀐다. 그네를 타다가 책을 펴고, 미끄럼틀 안에서 위에서 책을 편다. 그거면 되었다. 아주 짧은 시간이라도 책을 느끼길 바란다. 나도 의자에 앉아 가져온 책을 읽는다.

"선생님, 우리 사진 찍어 줘요." 나현이 소리가 우렁차다. "그래." 일어서 가 보니 공원 정자에 누워 있다. 그 모습을 사진으로 담는다. 그러고서 나도 아주 짧은 시간 책을 본다.

공원 너머 학교에서 수업을 마치는 종이 울린다. 설빈이가 가방 메고서 오는 모습이 보인다. 설빈이가 내 뒤에 눈길을 준다. 돌아보니 여학생 대여섯이 손에 무엇인가를 가득 쥐고서 살금살금, 지그재그로 나에게 오고 있다. '하하. 장난하러 오는구나. 모른 척해야지.' 하고 있으니 여학생들이 까르르 웃으며 나에게 나뭇잎을 뿌린다.

이제부터는 나뭇잎 싸움이다. 이렇게 신나는 놀이를 보고만 있을 학생들이 아니다. 물론 나도. 우리는 몇 분 동안 서로 나뭇잎을 뿌리고 맞으며 놀았다. 뿌리는 학생도 맞는 나도 모두 웃는다.

"자, 이제 마칠게요. 인사할게요."

그렇게 학생들과 인사한다. 이렇게 오늘 하루 학급살이를 닫는다. 한 걸음 더 내딛을 생각이 절로 든다.

'다음 주에는 시를 가지고 오되, 혼자서 읽도록 해야겠구나.'

(2013년 11월 8일)

심심책읽기

"심심할 때 뭐하죠?"

"책 읽어요."

심심할 때 무엇을 하는지 묻는다면 게임, 놀이, 잠자기처럼 여러 가지를 말할 거예요. 반 학생들에게 심심할 때 무엇을 하는지 물으면 책을 읽는다고 말해요. 심심할 때 책을 읽는다고 해서 그 이름도 '심심책읽기'예요. 자, 이제부터 심심책읽기가 어떻게 참사랑땀 반 학급살이가 되었고, 어떻게 활용하는지 설명해 볼게요.

재미있는 도전 '스마트폰 쓰지 않기'

"여러분, 우리 이번 주말에 재미있는 도전 하나 해 봐요. 스마트폰을 쓰지 않는 거예요. 성공하는 사람은 영근 샘이 '사랑'을 주도록 할게요."

영근 샘 선물이 '사랑'이라니 학생들이 하지 않을 것 같지만 그렇지 않아요. 모두가 다 하자고 해요. 왜냐하면 심심책읽기를 시작하는 때가 6월 말이나 7월 초이거든요. 그때쯤이면 이렇게 꼬드겨도 학생들은 받아들여요. 심심책읽기로 들어가기 앞서 이 과제를 내는 까닭은 학생들이 스마트폰을 너무 많이 쓰는 문제에서 시작했어요. 학부모 상담에서 나온 많은 이야기가 스마트폰을 쓰면서 학생들이 달라졌다고 하거든요. 어쩌면 거의 모든 삶이 바뀌었다고도 볼 수 있어요.

"자, 지난 주말에 도전 과제 성공한 사람?"

많은 학생이 손을 들어요. 몇몇은 손을 들지 못해요. 스마트폰으로 무엇을 했는지 물으니 게임, 에스앤에스, 영상 보는 걸 했다고 해요.
"스마트폰 게임을 왜 하게 되나요?" 이 물음에 "심심해서요." 하는 대
답이 절로 나와요.

심심책읽기로 넘어가기

"여러분이 심심할 때 스마트폰을 쓰는군요. 자, 함께 생각을 모아
주세요. 심심하면 무엇을 할 수 있을까요?"

처음에 잠깐 대답이 없다가 어느 한 학생이 말하면 그 뒤로는 의견
이 쏟아져 나와요. '가족과 함께하기, 잠자기, 간식 먹기, 누워서 쉬기,
텔레비전 보기, 친구랑 놀기, 그림 그리기, 운동하기, 집에서 뛰어다니
기, 나가서 놀기, 만들기, 학습지 풀기, 책 보기' 같은 여러 의견이 나
와요. 이때 '책 읽기(독서)'가 바로 나오지 않을 수 있어요. 그때는 "또
뭐가 있을까요?" 하며 계속 물어요.

"우와, 심심할 때 책을 읽는다고 했어요. 우리 책 보는 거 같이 해
봐요."

심심책읽기란?

칠판에 '심심책읽기'라고 써요. '스마트폰 쓰지 않기'로 출발해 하나
씩 묻고 답하기를 칠판에 써 오고 있던 터라 '심심책읽기'까지 자연스
럽게 흘러가요. 학생들은 영근 샘이 쳐놓은 그물에 걸린 줄도 모르고
문답을 이어 가요.

"심심책읽기를 하려면 뭐가 있어야 하나요?"

"책이요."

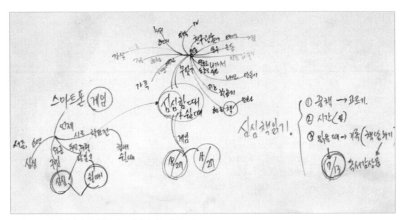

스마트폰 쓰지 않기에서 심심책읽기로 이어 나가는 생각 그물

"책은 우리 교실에 있는 책으로 우선 할게요. 자기가 읽고 싶은 책을 도서관에서 빌려 와도 좋아요. 집에서 가져와도 되고. 그리고 심심책읽기는 학교에서 할 거예요. 날마다 책 읽을 시간을 가질 테니 부담 갖지 마요. 심심책읽기 할 시간을 줄게요."

'날마다'. 7월에 심심책읽기를 시작하는 첫 번째 까닭이에요. 이제까지는 날마다 책 읽을 시간을 내려니 어려웠어요. 7월부터는 날마다 책 읽을 시간을 내요. 그렇다고 그 시간이 길지는 않아요. 짧게는 십 분, 길게는 삼십 분 정도가 적당해요. 날마다 하면서 심심책읽기가 우리 반 학급살이로 자리매김하게 만들어요.

심심책읽기 유의점

"책을 읽을 때는 읽는 사람의 권리가 있어요."

《소설처럼》(다니엘 페나크, 문학과지성사)에 나오는 내용으로 몇 가지 소개해요.

※ 침해할 수 없는 독자의 권리

① 책을 읽지 않을 권리

② 건너뛰며 읽을 권리

③ 책을 끝까지 읽지 않을 권리

④ 책을 다시 읽을 권리

⑤ 아무 책이나 읽을 권리

⑥ 보봐리즘(상상이나 소설 속으로 도피하는 것)을 누릴 권리

⑦ 아무 데서나 읽을 권리

⑧ 군데군데 골라 읽을 권리

⑨ 소리 내서 읽을 권리

⑩ 읽고 나서 아무 말도 하지 않을 권리

그러며 아래 말을 덧붙여요.

"선생님도 아침에 책 읽었어요. 그런데 꼭 다 읽어야 하는 건 아닌 것 같아요. 읽다가 그만 읽을 수도 있어요. 읽다가 바꾸고 싶으면 바꿔요. 그런데 우리는 아직 책 읽기를 배우는 과정이니 한 번 고른 책을 끝까지 읽으려고 노력해 보세요. 또 책 종류에 따라서는 처음부터 안 읽어도 돼요. 영근 샘도 어떤 책은 보고 싶은 곳부터 먼저 읽기도 해요. 그런데 우리가 읽을 책은 대부분 동화이니 처음부터 읽는 게 좋아요. 마지막으로 한 가지 더 부탁할게요. 아직 책 읽는 버릇이 안 된 사람들에게 하고픈 도움말도 있어요. 책에 푹 빠져 보는 경험을 했으면 해요. 책 속에 나오는 사람이 되어 보는 경험, 푹 빠지는 경험을 했으면 해요."

책 고르기

"책 고르는 기준은 뭐가 있을까요?"

학생들이 여러 가지 답을 주었어요. 거기에다 설명을 보탰어요.

"책 표지를 보고 고를 수 있어요. 또 책을 만든 출판사를 믿고 고를 수 있어요. 그리고 작가를 보고 고를 수 있어요. 선생님도 작가를 보고 고를 때가 많아요. 그리고 다른 사람에게 추천받을 수도 있어요. 그 밖에도 책을 대충 넘겨 보며 고를 수도 있어요. 자, 그럼 이제 고를게요."

학생들은 심심책읽기 첫 책을 골라요. 다른 때보다 훨씬 더 신중해요. 저학년은 그림책으로 중, 고학년은 줄글 책으로 고르라고 했어요. 물론 중학년에서 줄글 책을 어려워하는 학생도 있어요. 보통 때는 자기 힘으로 볼 수 있는 책을 자유롭게 보니, 이런 때는 줄글 책에 한 번 도전해 보라고 해요.

첫 기록 남기기

"우리는 날마다 심심책읽기로 책 읽을 때마다 기록으로 남기려 해요. 쪽수만 써도 좋은데, 읽은 내용을 한 줄이라도 쓰면 더 좋아요."

※ 심심책읽기 1단계

- 날마다 읽어요.
- 7월에 시작해 첫 한 주는 날마다 해요.
- 읽은 책 쪽수라도 꼭 써서 기록해요.

심심책읽기 2단계 '학교와 집에서 읽기'

"자, 여러분. 심심책읽기 2단계 할게요."

심심책읽기 2단계라는 말에 학생들도 낯설어해요. 심심책읽기를 시작하고 한 주 남짓 교실에서만 책을 읽었어요. 이렇게 교실에서 함께 보는 게 1단계예요. 이 심심책읽기가 학생 삶에 자리 잡으려면 학교에서 하는 것만으로는 안 돼요. 집에서도 해야 해요.

"2단계는 교실과 집이 연결돼요. 학교에서는 지금처럼 날마다 읽을 거예요. 그런데 시간은 조금 줄일 거예요. 십 분 남짓 될 듯해요."

"좀 짧아요."

"맞아요. 부족한 시간은 집에서 채워요. 심심책읽기 책을 날마다 집에 가져가세요."

"집에서도 읽어요?"

"그럼요. 집에서 심심할 때 읽어요. 방학할 때까지 날마다 할게요."

"선생님, 집에 있는 책으로 해도 되나요?"

"그럼. 주말에 서점 가서 읽을 책 골라도 좋아요."

"그래야지."

"오늘부터 알림장에 '심심책읽기'라고 한 줄 더 쓸게요. 집에서 심심책읽기를 했으면, 알림장 심심책읽기 옆에 동그라미를 하세요."

이날부터 알림장에 심심책읽기를 한 줄 써요. 학생들은 심심책읽기를 할 때마다 알림장에 동그라미(○)표시를 해요. 하지 않았을 때는 가위(×)표시를 하죠. 가위표를 했다고 꾸지람 듣지는 않아요. 다만, "심심책읽기 좀 하세요." 하는 잔소리는 듣겠죠. 학생들은 알림장을 쓸 때 집에서 스스로 봤다는 표시(○)를 해요. 알림장은 다음 날 아침 선생님에게 글똥누기를 보여 주면서 함께 보여 줘요. 영근 샘은 어제 알림장을 보고 확인했다는 사인을 해 줘요.

심심책읽기 3단계 '방학 때 읽기'

'방학 내 모습' 알림장 쓰기

7월에 시작해, 학교와 집에서 이어 하며 심심책읽기가 어느 정도 자리매김할 때쯤이에요. 이제 심심책읽기 3단계로 여름방학에 심심책읽기를 해요.

"우리 반 여름방학 공통과제는 세 개예요. 첫 번째가 심심책읽기예요. 심심책읽기로 책 읽은 날에는 그 날짜에 동그라미를 하세요. 책을 펴기만 해도 성공이라고 동그라미 하세요. 책을 펴는 게 가장 어려운 일이거든요. 공통과제 두 번째는 봉숭아 물들이기예요. 부모님이 반대하거나, 봉숭아를 구하지 못했다면 못 할 수도 있어. 이런 까닭으로 하지 못하는 건 괜찮아요. 세 번째는 머슴 되어 일하기로 집안일을 하도록 하세요. 그렇다고 큰일을 하라는 말은 아니에요. 자기 방을 치우거나 자기 일은 스스로 해 보세요. 자, 그럼 공통과제 즐겁게 해 주세요."

7월에 심심책읽기를 시작한 두 번째 까닭이 바로 이 때문에요. 방학은 학교에 다니느라 하지 못하던 일, 체험 따위를 할 수 있는 소중한 시간이에요. 그런데 한편으로는 한 학기 동안 학교에서 애써 하던 게 무너져 버리는 시간이기도 해요. 그러니 이렇게 방학에도 이어 나갈 수 있도록 해요.

"심심할 때는 뭐 할 수 있죠?"

"책 읽기요."

남학생 둘이서 독침 쏘는 시늉을 한다.

"뭐 하는 거죠?"

게임에서 하는 것을 따라 했다고 한다. 그래서 게임으로 이야기 나누는 시간을 갖는다. 학생들 문제는 좋은 이야깃거리다. 학생들에게 게임하는 시간을 물으니 한 시간 남짓이 많다. 날마다 하는 학생도 있고 주말에만 하는 학생도 있다. 무엇을 하는지 물으니 게임 이름을 말하는데 모두 영어라 못 알아듣겠다. 내용을 물으니 싸우고 죽이는 것들이다.

"그럼 게임은 언제 주로 하나요?" 하고 물었다. '학원 갈 때, 갔다 와서, 집에 아무도 없을 때, 어디 갈 때 심심해서'가 많다. 이렇게 심심할 때 손에 스마트폰이 있으니 게임 한다.

"그럼 심심할 때 게임이 아니면 어떤 것을 할 수 있을까요?" 하는 물음에, '음악 듣기, 운동, 친구와 놀기, 책 읽기' 들로 여러 의견이 나왔다. 칠판에 '심심책읽기' 하고 크게 썼다. "우리 심심할 때 책 읽기, '심심책읽기'를 도전해 볼까요?"

당황한다. '심심책읽기? 뭐지?' 하는 눈빛이다.

"아, 이건 우리가 심심할 때 게임을 하잖아요. 그 시간에 책 읽기에 도전하는 거죠. 도전! 물론 게임을 할 수도 있는데, 그 시간을 줄여 보는 노력이에요."

"아……." 하는 한숨과 "네, 좋아요."가 나뉜다.

"못 읽을 수도 있죠?"

"당연하죠. 정말 바쁘면 게임 할 시간, 책 읽을 시간, 일기 쓸 시간도 없잖아요."

한숨 쉬던 학생 둘이 엎드린다.

"○○야, 우리 해 보자."

"아, 정말 책 싫어요. 그냥 노래 들으면 안 돼요?"

"그것도 괜찮지만, 책 도전해 보자."

"아……."

"십 분만 해 보자. 십 분!"

"에이, 그럼 삼십 분 할게요."

"역시! ○○이. 좋아!" 하며 기운을 북돋운다.

이렇게 올해 우리 반 심심책읽기는 조금 일찍 시작했다.

(2016년 4월 8일)

TIP 토론과 토의로 하는 심심책읽기

1. 토론: 스마트폰 사용 시간은 정해야 한다.

학부모 상담 때 스마트폰으로 고민이 많다. 아이들과 이야기해 보기로 했다. '논제(토론 주제)'는 스마트폰이다. 우리 반은 수요일마다 도덕과 국어 시간에 토론한다. 토론할 때는 논제 분석을 하고 '입안문(토론 주장글)'을 쓴다. 이때 찬성과 반대를 모두 쓴다. 토론할 때는 '짝 토론'과 '전체 토론'을 주로 하는데 학생마다 찬성과 반대를 모두 경험할 수 있게 한다. 학생들은 토론하며 스마트폰이 필요하다는 주장과 함께 스마트폰의 위험성을 드러내 문제를 깨닫는다.

2. 서클맵: 스마트폰을 어떻게 쓸 것인가?

학생들을 모둠으로 나누고, 모둠별로 서클맵으로 생각을 나눴다. 큰 원을 두 개 그리고 두 원 사이에 '스마트폰을 어떻게 쓰면 좋을까?'라는 물음에 글과 그림으로 생각을 정리한다. 글과 그림으로 쓴 것을 말로 모둠 친구들에게 설명한다. 모둠원들은 모둠에서 나온 의견에서 알맞은 것을 고른다. 이렇게 고른 것에서 자기 약속을 정한다.

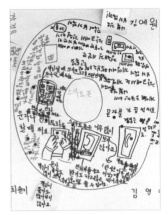

서클맵으로 생각 정리하기

3. 토의: 심심책읽기

"스마트폰 약속을 잘 지키고 있나요?"

"네.", "잘 안 돼요."

"못 지킬 때는 언제인가요?"

"(여러 대답에서) 심심해서요."

"심심할 때는 무엇을 할 수 있나요?"

"(여러 의견에서) 책을 읽어요."

"와, 심심할 때 책을 읽을 수 있군요. 그럼 심심책읽기를 시작해요."

책 모둠 활동하기

모둠살이

'모둠', 코로나19 시기를 거치며 낯선 말이 되었어요. 이전에는 많은 수업 시간에서 넷이 한 모둠으로 꾸려 모둠살이를 했거든요. 코로

참사랑띠 반 모둠살이 모습

나19 시기가 지나가면 다시 모둠살이가 돌아오리라 생각해요. 사람은 함께 살아가야 하니까요.

　모둠은 교실마다 그 방법이 다 달라요. 우리 반 모둠살이(더 자세한 설명은《초등 학급운영 어떻게 할까?》책을 참고하세요)를 짧게 설명해 볼게요. 우리 반은 학생 넷이 한 모둠이 돼요. 모둠원을 꾸릴 때는 무작위로 정해요. 학생 수에 따라 모둠 수는 달라져요. 학급 전체가 스무 명이 조금 넘으면 여섯 모둠으로 꾸려요. 모둠마다 역할이 있어요. 그 역할은 두 달 남짓 해 가기에 모둠살이라고 불러요. 두 달이 지나면 모둠을 새롭게 꾸리거든요. 모둠 역할은 ① 또래 조정, ② 환경, ③ 동아리, ④ 나들이, ⑤ 신문, ⑥ 책 모둠으로 나눠요. 모둠이 일곱이라면 ⑦ 텃밭 모둠을 하나 더 두곤 해요.

　모둠에서 하는 역할은 이름에 잘 드러나요. 또래 조정 모둠은 학급에서 일어나는 문제를 풀어내는 모둠이에요. 환경 모둠은 교실 뒷벽 작품 게시판을 담당해요. 동아리 모둠은 중간놀이 시간이나 점심시간에 학생들이 좋아하는 주제로 동아리를 꾸려 운영해요. 나들이 모둠은 나들이 다닐 때 맨 뒤에서 안전을 맡아요. 신문 모둠은 달마다 우리 반 소식지를 만들어요.

모둠살이 계획하기

"자, 이제 종이를 한 장씩 줄게요. 모둠에서는 계획을 세워 보세요. 선배들이 한 것을 참고해도 좋아요. 마음껏 계획해서 교실 앞쪽 벽에 붙여 주세요."

모둠을 꾸리면 모둠 계획을 바로 세워요. 학생들이 모둠을 처음 시작할 때는 무엇을 해야 할지 전혀 감을 못 잡아요. 이때 영근 샘은 참 사랑땀 반 선배들이 했던 모둠 계획 작품을 보여 주며 참고하라고 해요. 그대로 하는 모둠도 있지만 많은 모둠이 자기들만의 개성을 담아 달리해요. 학생들은 '없음'에서 '있음'을 만들어 내요. 참고로 학생들이 계획 세우는 종이는 대단하지 않아요. 에이포(A4) 크기 도화지를 나눠 주는데, 더러는 더 큰 종이를 달라거나, 새 종이를 한 장 더 달라고 하기도 해요.

학생들이 계획 세우는 손길이 아주 야무져요. 모둠 계획을 세우는 데도 시간이 꽤 걸려요. 그럴 수밖에 없어요. '무엇을 해야 할지, 어떻게 구성해야 할지, 표현은 어떻게 할지' 생각할 게 많아요. 서로 다른 학생들이라 모둠 계획을 세우며 의견 충돌이 생기기 마련이에요. 이걸 풀어내며 해야 하니 시간이 더 걸려요. 이런 과정을 거치면서 만든 계획이라 자부심이 있고 열심히 모둠 활동하는 계기가 되기도 해요. 첫 번째 모둠을 잘 해내면 두 달 뒤 두 번째 모둠 계획은 뚝딱 해내요.

책 모둠은 교실 학급문고 책을 관리해요. 모둠을 꾸리는 학생마다 관리하는 방법도 다 달라요. 책을 모둠원 나름대로 분류하기도 하고 책꽂이 칸마다 번호를 붙여서 관리하기도 해요. 틈날 때마다 책장에 흐트러진 책을 바로 세우고 학생들이 보다가 찢어진 책을 다듬기도 해요. 학교 도서관에서 하는 것처럼 규정을 만들어 다른 학생들에게 교실 책을 빌려주기도 해요.

이런 책 모둠에서 세우는 계획은 뭐가 있을까요? 학생들 상상력에 따라 달라서 콕 집어 이거라고 말할 수 없어요. 모둠마다 다 다른 계획이 나올 거예요. 책 모둠에서 세우는 계획을 보면 책 정리 같은 자기들이 해야 할 역할도 있지만 이런저런 행사도 많이 열어요. 우리 반 책 모둠에서는, '책 표지 보고 제목 맞히기' '책 읽고 퀴즈 맞히기' '책 속에서 보물찾기(책에 보물을 숨기는 활동)' '책 표지 그리기' '좋은 책 추천' '누가 누가 책을 많이 읽었나?' '자음을 찾아라(제목을 자음만 보여 주면 그 책을 찾는 활동)' 같은 행사를 많이 해요.

책 모둠 활동 보기

1) 책 표지 보고 제목 맞히기

점심시간에 책 모둠에서 재미난 행사를 열어요. 제목을 손으로 가린 뒤 책 제목을 맞히는 행사예요. 맞힌 아이들에게는 청포도 사탕을 하나씩 줘요. 사탕은 모둠 아이들이 사 왔어요.

참가한 학생은 난이도(쉬운 책, 어려운 책)를 골라요. 강철이가 '어려운 책 제목'을 골랐어요. 강철이가 뒤로 돌아서 있는 동안, 맞히기 어렵다고 준비한 책 다섯 권을 책상에 쌓아요. 손으로 책 제목을 가린 다음 강철이에게 바로 서라고 해요. 강철이는 제목을 말해요. 틀려도 다섯 권 모두 기회를 주네요. 강철이는 한 권을 맞혔어요. 맞힌 책만큼

책 모둠 활동으로 책 제목 맞히기 행사하는 모습

사탕을 주는지, 사탕을 한 개 주는데 그걸 받은 강철이는 좋은지 웃어요. 책 모둠원들도 학생들이 웃는 게 좋은가 봐요.

수업 마치고 책 모둠 학생들이 남았어요. 내일도 제목 맞히기 행사를 하려고 해요. 학급문고에서 책을 골라요. "이건 쉽겠다." "이건 어렵고." 하며 책을 골라서 난이도에 따라 모아 둬요.

이처럼 학생들이 펴는 상상력이 놀라워요. 꼼꼼히 준비하고 정성껏 행사하는 모습이 대견해요. 친구들이 재밌길 바라는 마음이 고와요.

2) 책 표지 그리기

"영근 샘, 밥 먹고 오세요."

"뭔데요?"

"오늘 책 모둠에서 표지 그리기 해요. 영근 샘도 신청했잖아요."

"아, 네. 그럴게요."

밥 먹고 책 모둠 행사하는 곳으로 갔어요.

"선생님, 그림책 하나 골라 오세요."

책 표지 그리기

책을 골라 오니 에이포 종이를 한 장 주고는 종이에다 표지를 그리라고 해요.

"표지를 따라 그리면 되나요?"

"아뇨. 제목하고 작가만 쓰고, 표지는 영근 샘이 만들어야 해요."

"아, 그래요? 그럼 어려운데……."

영근 샘은 이런 데 자신이 없어요. 그림을 잘 못 그려 늘 자신이 없어요. '어떻게 하지?' 하다가 몇 장 넘겨서 책 속에 있는 그림을 따라 그렸어요.

"우와, 정말 잘 그린다."

"정말?"

"똑같아요."

학생들 반응에 자신감이 생겨 끝까지 그렸어요.

"잘 그렸어요. 선물은 월요일에 드릴게요."

그런 그림을 책에 표지로 붙여요. 이 표지로 사흘 정도 전시한다고 해요. 영근 샘 작품도 칠판에 다른 학생들 작품과 함께 놓여요.

'나 표지 좀 그릴 줄 안다.'

교실에 누워서 책 읽기 '맨발교실'

"영근 샘, 누워서 책 읽어도 되나요?"

"그럼요. 영근 샘도 누워서 볼 건데요."

맨발교실이란?

우리 반은 '맨발교실'이에요. 토론과 글쓰기 공부를 함께하는 다른 선생님 교실을 보며, 포근하다는 생각이 들어 영근 샘 교실에도 따라 했어요. 하면 할수록 더없이 좋아요. 무엇보다 맨발교실을 하기 위해 준비해야 할 것이 하나도 없어요. 처음엔 실내화만 교실 밖에 벗어 두고 살면 돼요. 모자란 것은 살아가면서 채워 나가요. 맨발교실로 살아서 좋은 건 셀 수 없이 많지만, 세 줄로 간추려 봐요.

- 맨발교실 바닥은 놀이터다. 바닥에서 놀 수 있다.
- 맨발교실 바닥은 배움터다. 바닥에서 공부할 수 있다.
- 맨발교실 바닥은 삶터다. 바닥에서 뒹굴뒹굴할 수 있다.

우리 반은 맨발교실을 3월 첫날부터 해요. 교실 앞뒤 문에 '우리 반은 맨발교실입니다. 불편하더라도 실내화를 벗고 들어오세요.' 하는 안내 종이를 붙였어요. 그 글을 읽은 학생도, 읽지 않은 학생도 그냥 들어오다가 "실내화 벗어 주세요. 우리 교실은 맨발교실이에요." 하는 영근 샘 말에, '어?' 하며 어리둥절해요.

첫날 또는 첫 주에 자투리 시간이 나면 "우리 교실은 맨발교실이니 바닥에서 책 보고 싶은 사람은 의자에서 내려가 앉아서 보세요." 하며 학생들을 꼬드겨요. 책 읽는 시간을 십오 분 가지며 바닥에 앉아도 좋다고 해요. 처음에는 긴장하기도 하고, 맨발교실을 해 본 적이 없어서 아무도 내려오지 않아요. 내가 먼저 바닥에 앉아서 책을 읽어요. 전학 온 학생에게, "소연아, 여기서 너랑 나만 여기 학생들을 몰라. 나머지는 작년에 같은 반인 친구가 있거든. 이리 와. 둘이 같이 책 보자." 하며 불러서 같이 보자고 했어요. 둘이 바닥에 앉아서 봐요. 어느새 넷이 되더니, 곧 반 넘는 학생들이 바닥에 앉아요.

첫날 또는 첫 주에 이렇게 맨발교실을 겪게 하는 까닭이 있어요. 첫날부터 선생님이 시작한 맨발교실이지만, 더 할지 말지는 학생들 뜻을 물어 정할 거니까요. 그때까지는 바닥에서 책도 보고 놀이도 하며 공부도 할 수 있게 해요. 여러 경험을 하게 해서 그런지 이제껏 한 번도 학생들이 맨발교실을 그만두자고 한 적은 없어요.

맨발교실에서 책 읽기

처음 맨발교실을 할 때는 책상에서 보든 교실 바닥에서 보든 제약이 없어요. "책 좀 볼까?" 하는 말에 학생들이 조금씩 바닥으로 내려오더니 나중에는 많은 학생들이 바닥에서 봐요. 바닥에 앉거나 누워서 봐요. 학생

맨발교실에서 책 읽는 학생들

들은 바닥에서 짝이나 같은 모둠 친구처럼 자주 마주치지 않는 반 친구를 만나 책을 읽고 이야기 나눠요. 한 권의 책을 같이 보기도 해요. 영근 샘은 가끔 남학생에게 무릎을 내어 주기도 해요. 눈앞에 보이는 책 보는 학생들 모습이 아름답기만 해요.

그런데 맨발교실을 한두 해 하다가 생각이 조금 바뀌었어요. '바닥에 앉거나 누워서 보면 허리에 좋지 않겠는걸.' 하는 생각이 절로 들

어요. 이 생각이 들면서부터 아름답게만 보이던 모습이 불편하게 보여요. "여러분, 오늘은 책상에서 볼게요. 허리 바르게 펴고 앉아서 봐요." 또는 "오늘은 조금 편하게 보세요." 하면서 책상에서 볼 때가 더 많아졌어요. 물론 교실 바닥에서도 책을 볼 수 있으니 "어디서건 책 보세요." 하는 말에 학생들은 자유로움을 느껴요. 마음껏 편하게 책을 볼 수 있어요. 친구와 함께 알콩달콩 책을 볼 수 있어요.

영근 샘 무릎에서 책 읽기

이십 분 남짓 책 읽을 시간이 났어요. "자, 그럼 남은 시간은 심심책 읽기." 말하기가 무섭게 책 읽는 학생이 있어요. 책상에 책이 들어 있기 때문이죠. 그러지 않은 학생들은 책을 가지러 학급문고로 움직여요.

"아, 선생님 무릎에 눕고 싶다." 하는 소리가 들려요.

"자, 내 무릎에 안 누웠던 사람?"

"저요."

내 무릎에 누울 수 있는 학생 수는 넷이에요. 한 번에 네 명씩, 네 번 정도 하면 남학생들은 모두 한 번씩은 누울 수 있을 거예요. 아직

무릎 베고 누워 책 읽는 학생들

내 무릎에 눕지 않았던 남학생 몇이 책을 가지고 무릎에 누워요.

영근 샘도 준비한 책을 펴 같이 읽어요. 함께 책을 읽어요. 어릴 때 책을 본다고 누운 건 아니지만 어머니 무릎 베고 누웠던 때가 생각나요. 어머니가 머리 긁어 주면 잠이 스르르 오며 기분이 좋았어요. 그때처럼 무릎에 누운 남학생 머리를 긁어 줘요. 별 반응도 없이 책을 읽어요. 이렇게 누워 책 보는 게 자연스러운가 봐요. 영근 샘이 머리 긁는 것 정도는 괜찮다고 생각하나 봐요.

영근 샘 무릎에 눕지 못한 몇은 친구 무릎에 누워요. 꼬리에 꼬리를 물어요. 곧 종이 치고 쉬는 시간인데도 그대로 누워 책을 봐요.

"선생님, 화장실 가도 돼요?"

"그럼, 당연하지. 난 더 볼래."

쉬는 시간이 끝날 때까지 무릎에 있는 아이가 있어요. 무릎에 누운 게 좋기도 하지만, 책에 푹 빠져 그대로 있는 것이기도 해요. 이게 바로 영근 샘이 바라는 거예요. 책에 푹 빠지는 경험, 책 읽는 시간이 좋다는 경험, 이런 경험을 잠깐이라도 해 보길 바라요.

영근 샘이 애쓰는 게 이런 거예요. '책을 읽는 이 시간이 좋구나.' 하는 생각이 들었으면 해요. 사실 무릎에 누워 읽는 책이 얼마나 눈에 들어오겠어요. 그래도 '선생님 무릎에 누워서 책을 보니 좋네.' 하는 생각을 할 수는 있을 거예요. 그러면 돼요. 좋을 때 손에 책이 있었으니. 책을 읽는 순간이 좋은 추억으로 남으니.

아이 무릎에 누운 영근 샘

4학년 때 전학 온 학생이 있어요. 전학 오면 뭐든 낯설기 마련이에

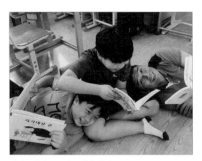
학생 무릎에 누운 영근 샘과 반 친구

요. 참사랑땀 반도 낯설기만 해요. 처음에는 더 그럴 수 있어요. 맨발교실, 심심책읽기…….이제껏 다니던 교실과 사뭇 달라요.

"민우야, 여기 내려와서 책 볼래요?"

영근 샘이 전학 온 민우를 불러 내려요. 민우는 영근 샘 옆으로 내려와 바닥에 앉아 책을 읽어요. "민우 무릎에 영근 샘이 누워서 책 읽어도 되나요?" 민우가 고개를 끄덕여요. 영근 샘은 민우 왼 무릎에 누워 책을 읽어요. "나도 누울래." 찬영이가 와서 민우 오른 무릎에 누웠어요. 셋은 웃으며 책을 읽었어요.

3장

책과 함께하는
학급운영

학급문고

"선생님, 우리 교실이 도서관 같아요."

학생들이 가끔 하는 말이에요. 이 말이 맞는 것 같아요. 우리 교실이 자그마한 도서관처럼 보이기도 해요. 교실 양쪽 벽면에 책이 있으니까요. 학생들이 처음 교실에 들어오면 가장 눈에 띄는 게 책일 거예요. 학급문고를 보며 우리 반에서는 책을 많이 읽을 거라고 생각할 거예요.

책이 많이 있으니 교실을 옮길 때는 불편해요. 그래서 영근 샘은 한 교실을 계속 쓰곤 해요. 한 교실을 줄곧 쓴다는 게 마음대로 되지 않기도 하죠. 다른 교실로 옮길 때는 책 옮기는 일이 가장 시간이 오래 걸려요. 책 무게는 나무와 같아요. 가끔은 돌멩이 같다는 생각이 들기도 해요. 그러니 힘이 세다고 무작정 많이 묶거나 싸지 못해요. 이삿일 하는 사람들이 책 많은 집을 가장 꺼린다는 게 이해가 돼요.

교실을 옮길 때는 한 해 동안 같이 살던 학생들 힘을 빌리기도 하고 긴 시간을 두고 천천히 조금씩 나르기도 해요. 짐 옮기는 데 시간과 힘이 많이 든 만큼 옮기고서는 마음이 많이 흡족해요. 다른 곳도 그렇지만 책이 가지런히 정리된 모습을 보면 보기만 해도 배가 부른 기분이에요.

교실 양쪽 벽을 이용해 학급문고 꾸리기

선생들은 몇 해마다 학교를 옮겨야 해요. 이때도 책이 많으니 책 옮길 방법을 찾느라 여러 궁리를 하곤 해요. 한번은 둘레 사람의 도움을 받아 트럭으로 나른 적이 있어요. 또 '우리아이토론' 모임을 같이 하던 아버지들 차 여러 대로 나르기도 했어요. 영근 샘 차로도 여러 번 나르죠. 이삿짐 업체를 통하면 돈은 들지만 가장 나은 것 같아요. 이렇게 힘들지만 한 번 옮기면 그것으로 적어도 한 해, 길게는 몇 해 동안 책과 함께하는 교실을 꾸릴 수 있으니 좋아요. 갈수록 책이 늘어나니 학년 말이면 꼭 필요한 책만 두고 학생들에게 나눠 주며 많이 줄여 나가요.

학급문고 꾸리기

우리 교실에는 책이 양쪽 벽으로 나뉘어 있어요. 한쪽에는 그림책과 줄글 책이 있어요. 그 옆에는 지금까지 나온 우리 반 문집이 있어요. 반대편에는 〈개똥이네 놀이터〉 잡지와, 위인전, 〈창비아동문고〉가 전집으로 있어요. 이렇게 책을 꾸리는 데 시간이 오래 걸렸어요. 십 년 남짓 꾸준히 모은 결과예요. 영근 샘처럼 책을 사거나 구하지 않아도 학급문고를 꾸릴 수 있어요. 학교 도서관과 연계해서 꾸리는 거죠. 이때 사서 선생님 협조를 받으면 더 쉽게 잘 운영할 수 있을 거예요.

학교 도서관과 연계해 학급문고를 꾸리는 방법은 두 가지예요.

① 선생님이 도서관에서 학생 수만큼 빌려 학급문고로 꾸리기, ② 학생들이 다 같이 도서관에서 빌려 학급문고로 꾸리기예요.

먼저, 선생님이 빌리는 것부터 이야기해 볼게요. 3월 첫날, 책상에 학생들이 읽을 책을 둘 때 도서관 책을 이용하듯, 보통 때 학생들이 읽을 책을 도서관에서 일정 기간 빌려 두는 거예요. 학교 도서관 책을 우리 교실에 조금 옮기는 것이라고 할 수 있어요. 이를 위해 학년 초에 사서 선생님에게 이런 계획을 알리고 협조를 구하는 게 좋아요. 가장 주의할 점은 도서관 책을 잃어버리지 않는 거예요. 빌려 온 책은 한 주, 또는 보름마다, 아니면 한 달에 한 번 정도 바꾸는 게 좋아요. 그러려면 책을 관리하는 학생이나 모둠을 세우는 게 좋아요.

학생들이 빌릴 때는 주로 이런 경우예요. 보통 학교 도서관은 대출 규정이 있어요. 선생님 이름으로 우리 반 학생 수만큼 책을 빌릴 수 없을 때가 있어요. 이때는 학생들 이름으로 책을 빌려요. 학생들과 함께 가서 책을 빌리고, 함께 보관해요. 이 또한 도서관 책을 학급문고로 활용하는 것이니 관리가 필요해요.

학급문고 보는 법

"책 보세요."

이 말에 우리 반 학생들은 학급문고 책을 봐요. 이렇게 책이 가까이 있으니 좋아요. 학생들이 학급문고 보는 모습을 살펴봐요. 학급문고에서 그림책을 꺼낸 학생들은 금세 다 읽고 왔다 갔다 해요. 어떤 학생들은 책 고르는 데 꽤 긴 시간을 쓰기도 해요. 궁리 끝에 고른 책 표지를 보며 웃더니 자리로 돌아오면서부터 책을 펴 읽어요. 자기 자리에 앉아서 금세 책에 푹 빠져요.

줄글 책을 보는 학생들 모습은 그림책을 보는 모습과 달라요. 학급문고에서 줄글 책을 가져와 읽던 학생은 책 보는 시간이 끝나면 그 책을 자기 책상 서랍에 넣어 둬요. 이때 자기가 읽던 곳을 표시하죠. 그래서 우리 반은 책 읽은 곳을 표시할 수 있게 학급운영비로 '플래그'를 사서 학생들에게 나눠 줘요.

몇몇은 학급문집을 읽어요. 참사랑땀 반 선배들이 만든 문집은 학생들에게 인기가 좋아요. 문집을 보다가 저에게 살짝 와서는 "영근 샘, 이건 언제예요?" "영근 샘, 이 사람이 선생님이죠?" "영근 샘, 우리는 이거 안 해요?" 하고 물어요. 선배들 사진과 글에서 지금 자기들의 모습을 견주어 보니 할 말이 많을 수밖에요.

이렇게 많은 책에서도 학생들이 가장 좋아하는 책은 〈개똥이네 놀이터〉예요. 보리출판사에서 달마다 나오는 잡지를 반에서 보고 있거든요. 책에는 만화도 있고 놀잇감도 있으며 학생들 참여 공간도 있어요. 학생들이 워낙 〈개똥이네 놀이터〉만 봐서 수업 자투리 시간에는 잡지를 보지 말자고 하기도 해요. 그렇게 말해도 쉬는 시간이나 아침, 점심시간에 학생들이 스스로 찾아서 보니까요.

학생들이 학급문고에서 책을 가지고 가거나 그 앞에 앉아 책 읽는 모습을 봐요. 그 모습을 사진으로 담아 봐요. 짤막한 글로 남겨요.

우리 반 학급문고 앞에 앉았다.

아이들이 오간다.

책을 고른다.

이거다, 하고는 가져간다.

아이들 오가는 속에,

책 읽는 아이들도 함께 있다.

한 곳에서,

아이들이 책 가지러 오가니

책 읽는 뒤 배경이 바뀐다.

이렇게 보는 아이들 모습도 재밌다.

학급문고 유의점

학급문고를 둘 때는 가지고 있는 책 권수와 교실 환경을 따져 봐야
해요. 학교마다 교실 환경이 조금씩 달라요. 교실 한쪽 벽면을 책꽂이
로 해 둔 곳도 있고, 아무것도 없어 책꽂이를 마련해 넣어야 하는 곳
도 있어요. 책꽂이가 없을 때는 2월에 학교를 여기저기 다녀 봐요. 교
실을 정리하며 쓰지 않겠다고 내놓는 책꽂이가 있기도 하거든요.

학급문고로 쓸 책꽂이는 주로 교실 뒤쪽 비는 곳이나 교실 옆면에
두고 써요. 책이 늘어나서 한곳에 둘 수 없으면 양쪽 벽에 책꽂이를

책모둠에서 꼼꼼히 관리하는 학급문고

두기도 해요. 학급문고에서 책을 고른 학생들은 그 앞에 앉아서 책을 읽곤 해요. 그래서 학생들이 앉아서 책 볼 수 있게 장판을 깔기도 했어요. 1학년 학생들과 살 때는 조금 더 편하게 읽었으면 해서 소파를 구해서 두기도 했어요.

그러다가 맨발교실을 하면서는 책꽂이만 있으면 돼요. 쉬는 시간이나 점심시간에나 학급문고 책을 보고 싶다면 언제 어디서든 볼 수 있으니까요. 그러니 책꽂이 앞에 앉을 수 있는 공간만 마련해 두면 돼요.

학급문고 관리는 책모둠에서 맡아요. 그런데 가끔은 관리하는 일을 즐기는 학생들이 있어요. "책 정리할 사람?" 하면 서로 하겠다고 손을 들거든요. 한번은 금요일 '좋아바' 학급회의를 하는데 한 학생이 손을 들고 바라는 점으로 "우리 교실 책 정리를 알아보기 쉽게 하면 좋겠어요." 하고 말해요. "어떻게요?" 하고 되물었어요. "칸마다 다 다르게 하는 거예요." 이 정도로 말한다는 건 벌써 생각해 둔 게 있는 거죠. "한번 해 볼래요?" 하는 영근 샘 제안에 "네." 하고 답해요. "영근 샘, 색 테이프 좀 주세요." 점심때 친구 몇 모아 색 테이프 붙이고, 칸마다 번호를 써 붙여요. 수업 마치고도 남아서 해요. 다 끝내고는 웃으며 집에 가요.

책 돌려 읽기

　몇 해 전까지는 '책 돌려 읽기'를 하는 교실이 많았어요. 처음에는 '독서 릴레이'라는 이름으로 하던 것인데 우리말로 바꾼 거예요. 이 활동은 말 그대로 책을 돌리며 계속 읽는 활동이에요. 모든 학생들이 책을 한 권씩 준비해 주마다 돌려 가면서 봐요. 학생들은 주마다 책 한 권을 읽어요. 이 행사를 모두 마치면, 학생들은 우리 반 학생 수만큼 책을 읽을 수 있어요. 학기 단위로 하면 두 배로 읽을 수 있겠죠.

　좋은 점이 또 하나 있어요. 어디에서건 무엇이건 사람마다 좋아하는 게 달라요. 책도 마찬가지예요. 학생들은 좋아하는 책이 달라요. 이야기책을 좋아하는 학생이 있고, 동물이나 식물, 공룡을 소개한 책을 좋아하는 학생도 있어요. 줄글 책, 그림책, 만화책같이 먼저 손이 가는 책이 학생마다 달라요. 사람은 자기가 좋아하는 것만 좋아하는 경향이 있어요. 책 돌려 읽기는 내가 좋아하는 책은 물론, 다양한 책을 읽을 수 있는 좋은 기회예요.

책 돌려 읽기, 시작하기

'책 돌려 읽기'는 우리 반 모두가 함께해요. 그러니 책 돌려 읽는 방법을 자세하게 알려 주어야 해요. 이때 학생들이 책을 준비한다면 학부모에게도 안내해야 해요. 학생들이 직접 책을 준비할 때는 '선생님이 정해 준 책'과 '학생이 고른 책'으로 나눌 수 있어요. 선생이 함께 읽을 목록을 정하고 그 목록에서 준비한다면 학생들에게 도움되는 책으로 꾸릴 수 있어요.

그런데 학생이나 학부모가 부담스러워한다면, 그럴 때는 학생이 직접 정하도록 하고 집에서 읽던 책을 가져오게 해요. 이때는 그 책을 선생이 미리 확인하는 과정이 꼭 필요하겠죠. 모두가 함께 읽을 책이니까요.

이 과정이 번거롭고, 책을 준비하지 못하는 학생도 더러 있어요. 이런 게 불편하니 책 돌려 읽기가 많이 줄었어요. 학급 예산이 있다면 학생 수만큼 책을 사서 한다면 더없이 좋겠죠. 학교 예산으로 살 때는 같은 책을 학생 수만큼 살 수 있어요. 반대로 학생 수만큼 다른 책을 살 수도 있고요. 이 둘을 모두 할 수 있다면 더없이 좋겠네요.

TIP 책 돌려 읽기 방법

1. 책 돌려 읽기를 안내한다.
2. 학생마다 책을 한 권씩 준비한다.
3. 한 주 동안 책을 읽는다.
4. 한 주 뒤 다음 번호 학생에게 책을 넘긴다.
5. 시작하는 날과 마치는 날에 간단한 잔치를 연다.

책 읽고 돌리는 법

처음에는 다른 친구가 보던 책을 받자마자 책을 읽는 학생들이 많아요. 새 책을 받는 날 다 읽는 학생들도 많이 보여요. 그런데 뭐든 익숙해지면 첫 마음이 사그라들듯이 주마다 새롭게 읽을 책을 받다 보면, 책을 받자마자 책상 서랍에 바로 넣어 버리는 학생들이 생겨요. 그러니 책을 처음 돌릴 때 "책을 돌릴 때마다 십 분씩 책을 읽을게요." 하며 습관을 만드는 게 좋아요. 그러면 책을 받을 때마다 학생들은 새 책을 펴고 읽어요.

책 읽는 시간은 때에 따라 짧아지거나 길어질 수 있어요. 길어질 때는 "우와, 집중 좋아요. 조금 더 읽을게요." 하면 돼요. 짧게 마쳐야 할 때는 "미안해요. 수업해야 해서 여기까지만 읽을게요." 하고 그 까닭을 말해 주는 게 좋아요. 책을 돌리기 전에 읽은 책을 독서록에 기록하게 할 수도 있어요.

잔치로 열고 닫기

무엇이건 시작과 끝을 알리는 건 좋아요. 그렇게 하면서 학생들 마음에 활동을 하는 뜻을 조금이나마 새길 수 있어요. 학생들에게는 즐거운 시간이기도 해요. 즐거운 잔칫날 분위기를 내기 위해 할 수 있는 건 뭐가 있을까요? 음식을 준비해 먹을 수 있어요. 행사가 책과 관련한 것이니 음식은 가볍게 준비하도록 해요. 과일이나 주전부리를 준비해 책을 읽으며 먹는 것도 좋아요.

참사랑땀 반에서는 책 돌려 읽는 첫날에 고사를 지내기도 했어요. 이때 재미를 위해 아래 글을 읽기도 해요. 종교와 관계 없지만 불편한 학생이 있을 수도 있으니 아래 내용을 그대로 읽지는 않더라도 재미 삼아 조금씩 바꾸어 읽어요.

20○○년 ○월, 여기 참사랑땀 반에서 '책 돌려 읽기'를 시작합니다. 우리 학생들을 지켜 주시는 교육대장군님, 한반도의 평화와 통일을 기원하는 통일대장군님, 맑고 푸른 환경을 지켜 주시는 환경대장군님, 모두 내려오셔서 책 돌려 읽기가 아무 탈 없이 잘 될 수 있게 해 주십시오.

처음 보는 책이라 쑥스럽고 어색해서 책도 못 보게 하는 "책 못 보는 귀신", 다른 사람 다 책 읽었는데 혼자 못 읽었다고 부끄러워하는 "부끄러움 귀신", 책을 소중하게 여기지 않아 찢거나 잃어버리는 "내 책도 아닌데 귀신", 모두 들어오지 못하게 막아 주시고 아무쪼록 참사랑땀 반 책 돌려 읽기가 잘 되어 우리 학생들 삶을 가꾸게 해 주시고 그 흥겨움과 신명으로 집에서도 책을 잘 보게 해 주옵소서.

끝으로 건강이 가장 큰 복이라 했으니 여기 있는 학생들 모두 건강하게 하옵소서!

책 돌려 읽기를 마치는 날에는 자기가 처음 읽은 책을 다시 돌려받아요. 그 책으로 독서감상문을 써도 좋아요. 또 학생들에게 자기가 받은 책에서 문제를 하나씩 내게 해요. 교실 앞에 한 명씩 나와서 다른 학생들에게 문제를 내요. 모두가 돌려 가며 읽었으니 문제도 모두가 맞출 수 있겠죠? 그 밖에도 할 수 있는 건 아주 많아요. 앞서 말한 건 참사랑땀 반에서 하는 활동이고, 선생님들마다 또 다른 활동을 보탤 수 있을 거예요. 새로운 활동은 선생님과 학생들 상상력으로 저절로 생겨나거든요.

책 돌려 읽기 빛깔 내기

'책 돌려 읽기'를 하는 방법은 교실마다 달라요. 책과 함께 무엇에 힘을 실을지에 따라 달라지겠죠. 참사랑땀 반에서는 아래 내용을 챙기며 하고 있어요.

첫째, 선생님도 함께 책을 돌려 읽어요. 학생들이 책 돌려 읽기를

책 돌려 읽기 하는 교실

할 때 영근 샘도 책을 한 권 정해요. 학생들이 읽을 때 함께 읽어요.

둘째, 책 맨 뒷장에 '확인표'를 두어 책을 돌려 읽으며 적어 나가요. 책 돌려 읽기를 하는 첫날에 학생들 이름이 모두 쓰여 있는 확인표를 책 뒤에 붙여요. 책을 다 읽으면 확인표에서 자기 이름을 찾아 그 옆에 동그라미를 해요. 표를 조금 더 크게 한다면 '한 줄 느낌 쓰기' 칸도 만들 수 있어요. 책을 돌리기 전에 확인표 쓸 시간을 가져요. 책을 처음 받거나 글 쓸 때 다른 친구들이 쓴 글을 읽으며 자기 생각과 견주어 보기도 해요.

셋째, 교실 앞판을 책 돌려 읽기로 꾸며요. 책 돌려 읽기를 하다 보면 학생들이 책을 제때 돌리지 못할 때가 더러 있어요. 예를 들면 집

에서 책을 본다고 가져갔다가 가져오지 않는 경우가 있어요. 이런 학생은 책이 집에 있다며 도로 챙겨 와요. 그런데 자기가 읽는 책이 어디에 있는지 모르는 학생도 있어요. 이런 학생들은 그 책 제목이 뭔지도 잘 몰라요. 다행히 그 책 제목은 교실 앞판에 붙어 있어요. 책 돌려읽기 하는 첫 주 미술 시간에 자기 이름과 책 제목을 꾸며 번호 차례대로 만들어 두거든요. 한 주 뒤 책을 돌리면 책 제목만 떼어 옆으로 돌려요. 책 제목 돌리는 일은 책 모둠에서 하거나, 하고 싶은 학생에게 하게 해요.

책 선물하기

곁에 있는 누군가에게 마음을 전할 때 우리는 선물을 해요. 그 선물은 사람과 때에 따라 다를 거예요. 참사랑땀 반에서는 가끔 고마운 사람들에게 편지를 써요. 전담 과목 선생님이나 교실에 와 특별수업을 해 주는 선생님들께 붙임종이(포스트잇)에 편지를 써 드리곤 해요. 조금 더 마음을 써야 할 때는 책에 편지를 쓰거나, 붙임종이에 편지를 쓴 다음 책에 붙여서 선물해요. 생일을 맞은 학생에게 책에 편지를 써 주기도 해요. 이 책을 받은 학생은 오래오래 이 책을 자기 곁에 두겠죠. 가끔은 책도 읽을 것이고요.

도움 선생님께 책 선물하기

"선생님이 오늘까지 우리와 함께해요."

월요일과 목요일, 이틀 동안 수학 시간에 함께했던 수학 도움 선생님과 마지막 시간이에요. 여느 때처럼 수학을 공부해요. 영근 샘은 앞에서, 도움 선생님은 뒤에서 학생들을 도와요. 몇몇 학생은 영근 샘보다 도움 선생님에게 궁금한 것을 묻기도 해요. 나보다 더 편한가 봐요. 마지막 시간이라 아쉬워하며 이런저런 물음이 더 많아요.

"자, 우리 기타 준비할까요. 선생님께 고마웠다고 노래 한 곡 불러 드릴게요."

〈걱정 말아요 그대〉를 함께 연주하며 노래해요. 도움 선생님은 화장지로 눈물을 훔쳐요. 노래를 마치고 기타를 정리하는 학생들 책상에 예쁜 붙임종이를 한 장씩 나눠 줘요.

"종이에다 선생님에게 편지 써 주세요. 영근 샘도 노래 한 곡 할게요."

오늘이 마지막이란 것을 알고서 준비한 노래예요. 앞으로도 잘 지내시라는 뜻으로 〈거꾸로 강을 거슬러 오르는 저 힘찬 연어들처럼〉을 불러 드렸어요.

"자, 선생님께 쓴 편지 가져오세요."

학생들이 쓴 편지를 받아 영근 샘이 따로 준비한 책에 붙여요. 한쪽에 여섯 개씩 붙일 수 있어요. 영근 샘은 책에 미리 편지를 써 뒀어요. 학생들이 쓴 편지까지 다 붙인 책을 도움 선생님께 드려요. 선생님은 학생들 이름을 하나하나 부르면서 인사를 나누고, 고마운 마음을 전하고, 헤어짐을 아쉬워했어요. 우리들도요.

연극 선생님께 책 선물하기

우리 학교는 문화예술 수업을 해요. 연극 수업도 하는데 우리에게 연극을 가르쳐 준 선생님은 찐콩 선생님이에요. 한 해에 20시간 동안 수업을 해요. 학생들을 모둠으로 나누어 옛이야기를 연극으로 만들고 학부모 앞에서 공연을 하기도 해요. 또 책을 읽고 책을 바탕으로 새로운 이야기를 만들어 우리끼리 발표하는 시간을 가지기도 하고요.

영근 샘은 찐콩 선생님에게 두 해 동안 많이 배웠어요. 20시간을 쭉 지나 보면 저절로 알 수 있어요. 처음에는 놀이로 마음을 여는 수업을 해요. 연극놀이에서 본 듯한 놀이인데, 단지 놀이로만 끝나지 않아요. 이 놀이는 학생들이 마지막 연극 무대에서 하는 몸짓, 마음가짐과 닿아 있어요. 무엇보다 학생들이 정말 좋아해요.

마지막 시간을 마치고 교실에 돌아와 학생들에게 자그마한 붙임종이를 나누어 주었어요.

"찐콩 선생님께 편지 쓸게요. 편지에 정성을 담아 주세요. 선생님과 있었던 일을 하나 정도 떠올려 써 주면 더 좋겠네요."

학생들이 정성껏 편지를 써요. 영근 샘은 책을 한 권 꺼내어 거기에 편지를 쓰며 고마운 마음을 담아요. 학생들이 붙임종이에 쓴 편지를 책 사이사이에 붙여요. 학급학생자치회 대표와 함께 연구실로 가 찐콩 선생님께 편지가 가득 담긴 책을 선물로 드렸어요.

헤어지는 학생에게 책 선물하기

우리 반 학생과 헤어져야 해요. 학생이 마지막으로 학교에 오는 날이에요. 학생들이 읽을 수 있는 책에 편지를 썼어요. '우리는 헤어져

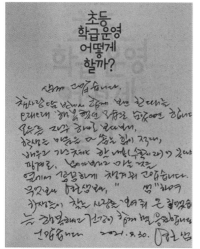

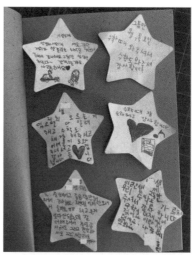

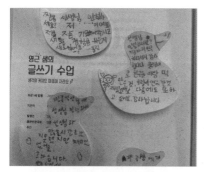

헤어지는 선생님, 반 친구에게 책 선물하기

도 참사랑땀 반'이라는 말을 해 주고 싶었어요.

"오늘 병준이와 마지막 시간이에요. 병준, 이리 오세요."

내 옆에 병준이를 앉히고 〈이젠 안녕〉 노래를 불렀어요. 노래를 마치고 병준이는 자리로 돌아가고, 학생들에게 붙임종이를 한 장씩 나눴어요. 병준이와 헤어지는 편지를 써 달라고 했어요. 학생들이 쓴 편지를 받아서 병준이 모르게 책에 붙였어요. 병준이를 불러 책을 선물하려는데 갑자기 병준이가 포장지에 쌓인 무언가를 들고 와요.

"선생님, 이거 받으세요."

"어?"

"선생님, 이건 제 돈으로 산 것이니 받아 주세요."

"아, 그런가요? 그럼 이렇게 할까요? 영근 샘은 책을 하나 준비했으니 이것과 바꿀까요?"

"네, 저도 책이거든요."

"잘 됐네요. 이 책 안에 친구들이 쓴 편지가 있으니 읽어 보세요."

"네, 고맙습니다."

"저도 고맙습니다."

4장

독후 활동

독후 활동은 필요할까

독후 활동이 필요할까요? 오래전부터 독후 활동으로, '네 컷 만화 그리기, 주인공에게 편지 쓰기, 시로 쓰기, 몸으로 표현하기' 같은 여러 가지 활동을 하는 교실이 많았어요. 이런 독후 활동은 학습지를 묶어서 활용하기도 해요.

그 활동 학습지를 보며 영근 샘은 '학생들에게 도움이 되도록 정말 애쓴다.'는 생각과 함께 '책 읽을 때마다 이렇게 해야 한다면 학생들도 힘들겠다.'는 생각이 함께 들어요. 그래서 영근 샘은 학생들이 책을 재미있게 읽는 것으로 만족해 왔어요. 그러다가 책 읽는 제 모습을 돌아보니, 책을 읽고 나면 그냥 다 사라지고 마는 거예요. 책 읽고 기록을 남겨 보니 그 내용을 떠올리려고 다시 생각하면서 읽은 책이 마음에 조금 더 남는 거예요. 그 뒤로 책 읽고 기록을 남기는 게 필요하겠다는 쪽으로 생각이 조금씩 바뀌었어요.

'독후 활동이 필요하다, 독후 활동으로 무엇이 좋다.' 이렇게 말할 수 없어요. 그 필요성은 선생님 판단이고 필요하다고 하는 활동이라면 그것으로 좋아요.

'책나래 담기' 독서록 쓰기

영근 샘이 있던 학교에서는 '온작품읽기'를 '책나래 펼치기'라고 했어요. 이 말이 참 좋아요. 그때부터 우리 반 독서록, 그러니까 책을 읽고 기록을 담는 그릇을 '책나래 담기'라고 이름 지었어요. 책을 읽고 기록하는 것에는 두 가지가 있어요. 하나는 '기록'이고 다른 하나는 '감상'이에요. 기록은 간추리기를 주로 해요. 여기에 감상을 보태 가며 독서감상문으로 넘어가요.

우리 반 책 읽기는 ① 영근 샘이 그림책 읽어 주기, ② 온작품읽기로 함께 읽어 가기, ③ 학생 스스로 보고 싶은 책 읽기 이렇게 세 가지로 나눌 수 있어요. 이 가운데 그림책 읽어 주기와 온작품읽기로 책을 읽은 뒤에 독서록에 기록을 남겨요.

학생 스스로 보고 싶은 책을 읽을 때에는 조금 더 편하게 읽기를 바라는 마음에 독서록을 쓰지 않아요. 독서록 써도 되냐고 묻는 학생이 있으면 '그러면 더 좋죠.' 하고 말하는데, 계속 독서록을 쓰는 학생은 못 봤어요. 틈날 때 읽는 책을 기록으로 남기는 건 학생들에게 어려운 일이에요.

준비물

독서록은 어디에 쓸까요? 학급이나 학교에서 만든 양식에다 쓰는
교실이 있어요. 문구점에서 파는 독서록을 사서 쓰기도 하고요. 참사
랑땀 반은 양식을 직접 만들지도 않고, 독서록 공책을 사서 쓰지도 않
아요. 그냥 줄 공책에다 써요. 독서록이라는 틀을 만들어 그 속에 학
생들 글을 넣고 싶지 않기 때문이에요.

사서 쓰는 독서록을 살펴보면, 맨 위에 책 제목을 쓰게 하고 나머지
그 넓은 곳은 학생들에게 넘겨요. 학생들은 그 넓은 곳을 채우려 온갖
궁리를 다 해요. 물론 이런 궁리가 학생들을 자극하고 생각을 키워 성장
시킬 수 있다는 생각으로 이 독서록을 쓰는 분도 있을 거예요. 몇몇 학
생들은 나름대로 틀을 정해서 그대로 되풀이해요. 편지, 그림과 글, 만
화 같은 틀이에요. 가끔은 누군가가 정리해 둔 줄거리를 베껴 쓰기도 하
고요. 어릴 때 영근 샘이 그랬어요. 영근 샘에게 이 독서록에 기록을 남
기라고 하면, 못할 것 같아요.

우리 반은 앞서 말한 것처럼 줄 공책에 기록을 남겨요. 줄 공책이
기 때문에 길이 제한이 없어요. 공책 한쪽을 다 써야 하는 것도 아니
에요. 자기가 쓰고 싶은 만큼 써요. 다 쓰면 한 줄을 띄우고, 그다음에
읽은 책 기록을 써요. 공책에 줄이 있지만 그림을 그려도 돼요. 표현
방법도 학생이 정해요.

처음부터 줄 공책에 쓰지 않아도 돼요. 독서록 대신 글똥누기에 쓰는 거
예요. 글똥누기에 읽은 책 제목과 글쓴이, 출판사를 쓴 다음 책 기록을 써
요. 글똥누기는 작은 수첩이라 학생들이 기록할 때 부담이 적어요. 이렇게

책 기록 남기는 버릇이 들면 '책나래 담기'라는 독서록으로 이어 나가요.

독서록 쓰는 방법

그림책 읽고 독서록 쓰기

영근 샘이 그림책을 한 권 골라서 읽어요. 1학년 때는 날마다, 중학년은 틈틈이, 고학년은 귀하게 시간을 내어 읽어요. 처음에는 자투리 시간에 큰 목적 없이 편안하게 읽어 주다가 어느 때부터는 책 읽고 나서 든 생각을 물어요. 독서토론을 하기도 해요. 처음 그림책을 읽어 줄 때 독서록인 책나래 담기에 쓰는 과정은 아래와 같아요.

1) 책 읽어 주기

학생들이 좋아할 만한 책을 골라요. 《에드와르도》를 골랐어요. 독서록 쓸 첫 책으로 《에드와르도》를 고른 까닭은 이야기 흐름이 또렷하기 때문이에요. 보통 아이가 말썽꾸러기가 되었다가 사랑스러운 아이로 바뀌거든요. 학년에 따라, 학생 수준에 따라 복잡한 이야기를 헤아리는 학생도 있겠지만, 처음 읽는 책이니 이렇게 흐름이 또렷한 게 더 좋아요. 책 표지를 보자마자 이미 읽었다는 학생이 있어요. 칭찬하며 그래도 한 번 더 들어 달라고 부탁해요.

"안 보여요."

"안 보이죠? 이 책은 우리 반 책꽂이에 있는 책이에요. 읽고서 꽂아 둘 테니 나중에 다시 읽어 보세요. 대신 지금은 영근 샘이 이래저래 보여 주며 읽을게요."

책을 읽으면 학생들은 금세 푹 빠져요. 물론 잘 안 보는 학생, 딴짓 하는 학생도 꼭 있어요. 오랜 시간 몸에 밴 버릇이라 한두 번 말로 해서 고쳐지지 않아요.

"책을 읽어 줄 때 영근 샘은 이야기꾼이에요. 무엇을 먹고 산다고 했나요?"

"눈빛이요."

학생들은 고개 들어 책을 봐요. 영근 샘을 봐요.

2) '책나래 담기' 독서록 내기

책나래 담기는 3월 첫날 학생들에게 미리 나누어 주었어요. 독서록을 처음 쓰는 날 나누어 줘도 좋아요. 첫날 나눈 까닭은 학생들에게 이 독서록이 중요하고 자주 쓸 거라는 걸 알려 주기 위해서예요. 책나래 담기가 무엇인지 묻는 학생이 있다면 더 좋죠.

"첫 장을 열어 보세요. 줄 공책 위를 보면 작은 점이 있어요. 윗줄 세 번째 점에서 맨 아랫줄 세 번째 점까지 곧은 줄을 그을게요."

이게 가장 어려운 과정이에요. 곧은 자를 대고 그으면 편한데 학생들이 가지고 있는 자는 짧아요. 이럴 때는 교과서나 다른 공책 또는 엘(L)자 파일을 대고 긋게 해요. 제대로 그은 학생들은 다른 친구가 긋는 걸 도와줘요. 우리 반에서는 먼저 끝마친 학생이 아직 다 못 한 학생을 돕는 게 흔한 모습이에요.

요즘은 세 번째 점에서 아래로 곧은 줄을 그어 놓은 공책을 팔기도 해요. 그 공책을 써도 되지만, 나는 재미 삼아 학생들과 그어서 쓰고

있어요. 책나래 담기로 쓸 줄 공책은 학급운영비로 여러 권 사 두고서
다 쓴 학생들에게 나눠 줘요.

3) 독서록 쓰는 방법 알려 주기

세 번째 점에서 아래로 선을 그었으니 공책은 크게 두 영역으로 나
뉘었어요. 작은 영역에는 책 제목과 날짜를 써요.

'에드와르도(3/10)'

이렇게 써요. 말로만 설명하면 알아듣기 어려워서 칠판에 쓰거나
컴퓨터로 써 텔레비전 화면으로 보여 줘요. 큰 영역에는 책 내용을 써
요. 우리 반은 주로 간추리기를 해요.

"이제는 책으로 간추리기를 할 거예요. 간추리는 게 뭘까요?"

"줄이는 거요."

"맞아요. 우리가 영화를 보고 왔는데 친구가 '무슨 영화야?' 하고 물
어보면 모든 이야기를 하지 않잖아요. 그때 짧게 말하는 게 간추리
는 거예요. 자, 《에드와르도》를 같이 간추려 볼까요?"

영근 샘 말에 학생들은 책 내용을 말로 쏟아 내요. 학생들이 한 말
에서 첫 문장을 함께 만들어 봐요. 그런 다음 책 내용을 서너 문장으

책나래 담기 독서록 쓰는 방법

로 간추려 보라고 해요. 스스로 간추리는 학생도 있고, 어려워하는 학생도 있어요. 이 학생들을 영근 샘이 돕기도 하고, 먼저 다 쓴 학생들이 자기가 쓴 걸 보이며 도와주기도 해요.

TIP 학생들에게 읽어 준 그림책

- 《강아지똥》(권정생 글, 정승각 그림, 길벗어린이)
- 《갯벌에 뭐가 사나 볼래요》(도토리 글, 이원우 그림, 보리)
- 《걱정 상자》(조미자 글 그림, 봄개울)
- 《괴물들이 사는 나라》(모리스 샌닥 글 그림, 시공주니어)
- 《나는 강물처럼 말해요》(조던 스콧 글, 시드니 스미스 그림, 책읽는곰)
- 《돌 씹어 먹는 아이》(송미경 글, 세르주 블로크 그림, 문학동네)
- 《리디아의 정원》(사라 스튜어트 글, 데이비드 스몰 그림, 시공주니어)
- 《바삭바삭 갈매기》(전민걸 글 그림, 한림출판사)
- 《부리 동물 출입 금지》(소피 레스코 글 그림, 천개의바람)
- 《살아 있다는 건》(다니카와 슌타로 글, 요카모토 요시로 그림, 비룡소)
- 《상자 세상》(윤여림 글, 이명하 그림, 천개의바람)
- 《솔이의 추석 이야기》(이억배 글 그림, 길벗어린이)
- 《슈퍼거북》(유설화 글 그림, 책읽는곰)
- 《심심해서 그랬어》(윤구병 글, 이태수 그림, 보리)
- 《에드와르도》(존 버닝햄 글 그림, 비룡소)
- 《이까짓 거!》(박현주 글 그림, 이야기꽃)
- 《장갑보다 따뜻하네》(이모토 요코 글 그림, 북극곰)
- 《청개구리》(이금옥 글, 박민의 그림, 보리)
- 《프레드릭》(레오 리오니 글 그림, 시공주니어)

온작품읽기로 독서록 쓰기

온작품읽기로 책 읽는 첫날이에요. 온작품읽기를 할 때면 무슨 책으로 읽어야 할지 고민이 깊어요. 학년을 따져서 첫 책을 고르고 학생들과 읽어요. 첫날에는 집중하는 힘이 큰 편이에요. 책을 다 읽으면 그날 읽은 내용을 독서록에 남겨요. 읽을 때마다 남기는 게 좋은데, 학생들이 글로 남기기 편하게 장 또는 챕터 단위로 기록해요.

1) 첫 번째 책 읽기

우리 반에서 고른 첫 책은 《샬롯의 거미줄》(엘윈 브룩스 화이트, 가스 윌리엄즈, 시공주니어)이에요. 지난해까지는 첫 책으로 《마틸다》(로알드 달, 퀸틴 블레이크, 시공주니어)를 읽었어요. 교장 선생님에게 당하기만 하던 학생들이 도리어 교장 선생님을 혼쭐내는 모습을 읽으며 통쾌해해요. 이 책은 재미나고 장마다 사건이 명확해서 학생들이 이야기 흐름을 파악하기 좋아요. 그런데 이 책에 나오는 사건들이 너무 거칠어요. 온작품읽기하는 첫 책으로 따뜻한 책이었으면 해서 《샬롯의 거미줄》을 골랐어요. 조금 두껍다고 여길 수 있지만, 문장이 짧고 이 책 또한 사건이 또렷해 학생들이 어렵지 않게 흐름을 알 수 있어요.

2) 첫날부터 독서록 쓰기

첫날 1장을 다 읽어요. 책을 읽은 다음 그냥 끝내지 않고 책나래 담기를 펴게 했어요. 처음이라 읽은 내용을 간추리기만 해요. 이렇게 간추리기를 하다가 나중에 쓰는 힘이 생기면 감상까지 넘어가요. 책나래 담기에 쓰는 방법은 그림책을 읽고 쓰는 것과 같아요.

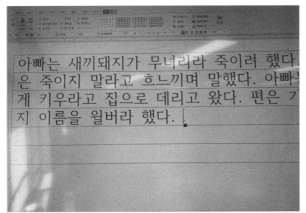

아빠는 새끼돼지가 무녀리라 죽이려 했다.
은 죽이지 말라고 흐느끼며 말했다. 아빠는
게 키우라고 집으로 데리고 왔다. 편은 기
지 이름을 윌버라 했다.

학생들과 말로
주고받으며 간추리기

화면으로 보여 주기

샬롯의 거미줄(1) (3/3)	아빠는 새끼 돼지가 무녀리라 죽이려 했다 8살 편은 죽이지 말라고 흐느끼 며 말 했다 아 빠는 편에게 키우라고 집으로 데리고 왔다 편은 기 뻤고 돼지 이름을 윌버라 했다

책나래 담기에 간추리기

3) 간추리기 도와주기

학생들이 쉽게 간추리기를 할 수 있을 것 같지만 그렇지 않아요. 그림책을 읽고 간추릴 때처럼 학생들과 읽은 내용을 말로 주고받아요. 말로 간추리기를 하는 거예요.

영근 샘은 학생들이 간추린 내용을 컴퓨터로 정리해 화면으로 보여줘요. 학생들은 화면을 보고 책나래 담기에 써요. 스스로 할 수 있는 사람은 화면을 안 봐도 된다고 말하지만, 학생들 대부분은 영근 샘이 간추린 글을 따라 써요. 이렇게 영근 샘과 학생들이 말로 간추리고 그걸 따라 쓰기를 몇 번 되풀이해요.

그런 다음 학생들에게 스스로 간추리라고 해요. 학생들은 서너 번 영근 샘과 간추려 본 경험으로 스스로 간추릴 수 있어요. 어려워하는 학생은 다른 학생이 쓴 글을 참고해 쓰도록 해요.

독서감상문 쓰기

국어 교육과정에서 가르치는 글의 갈래를 학년별로 살펴보면, 1~2학년에는 서사문(겪은 일 쓰기), 3~4학년에는 서사문에 보태어 설명문과 감상문, 5~6학년에는 여기에다 논설문이 덧붙어요. 책 읽기와 관련한 교육과정을 살피자면, 1~2학년 때는 무슨 책을 읽었는지 그 기록 정도만 남겨요. 3~4학년에는 읽은 내용을 간추리고 책을 읽으며 든 생각을 드러내요. 5~6학년에는 책에서 찾은 논제(토론 주제)로 독서토론을 할 수 있어요.

독서록으로 독서감상문 쓰기

독서감상문을 지도할 때는 간추리기를 먼저 지도해요. 간추리기가 어느 정도 되면 학생들에게 자기 생각을 드러내 보라고 해요. 그런 다음 독서감상문 쓰기를 시작해요. 온작품읽기로 조금 더 자세하게 살펴볼게요.

학생들과 온작품읽기로 옛이야기 모음 책《호랑이 뱃속 구경》(서정오, 보리)을 읽어요. 옛이야기는 학년에 상관없이 재미있어해요. 아울러 이야기 길이도 짧아서 함께 읽기도, 선생님이 읽어 주기도 좋아요. 이 책은 옛이야기가 열두 편 들어 있어요. 옛이야기 한 편이 다른 줄글 책 한 장(챕터)에 해당해요.

옛이야기를 한 편 읽은 학생들은 독서록을 펴고 간추려요. 책 읽을 때마다 간추리기 한 버릇이 제대로 들었어요. 이때 학생들에게 한마디 던져요. "오늘은 영근 샘이 간추려 줄게요." 학생들은 소리치며 좋아해요. 읽은 이야기를 간추리기 위해 생각하지 않아도 되니 좋아해요. 학생들은 영근 샘이 써 주는 글을 따라 써요.

"영근 샘이 간추려 주니 좋은가요?"

읽은 책 간추리기

독서록에 쓰기

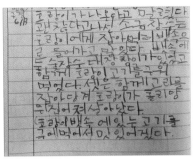
간추린 다음 생각 한 줄 쓰기

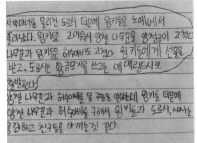
스스로 간추리고 생각도 덧붙이기

"네."

"다 썼으면 그 밑에 옛이야기를 듣고 든 생각을 한 줄이라도 써 주세요."

학생들은 옛이야기를 들으며 든 생각을 거침없이 써요. 쉬운 이야기라 어렵지 않아요. '호랑이 뱃속 구경'을 들으면서 '호랑이가 불쌍하다, 고기가 맛나겠다'처럼 떠올랐던 생각을 덧붙여요. 다음 날에도 학생들과 옛이야기를 한 편 읽고 영근 샘이 간추려 주면, 학생들은 따라 쓰고 생각을 덧붙여요. 이렇게 서너 번 하고서 "자, 이제 여러분이 간추릴게요. 생각도 덧붙여 주세요." 하고 말해요. 그 뒤부터 학생들은 간추리고 생각을 덧붙이는 것이 새로운 버릇으로 자리매김해요.

양식지를 활용해 독서감상문 쓰기

감상문은 생각을 담는 글이에요. 독서감상문은 말 그대로 '책을 읽고 생각을 쓰는 글'이에요. 이때 '생각'은 무엇일까요? 생각을 무엇이라고 정확하게 말하기는 어려워요. 사람마다 무엇을 보거나 겪을 때 갖는 생각은 다 다르니까요.

학생들에게도 나름대로 생각이 있어요. 그런데 그 생각을 드러내는 걸 어려워해요. "자기 생각을 써 보세요." 하는 말에 학생들은 "뭘 써야 해요?" 하고 물어요. 어떤 글을 읽고 이런저런 생각이 들기 마련인데 무엇을 써야 할지 몰라요.

그런데 이건 학생들만 그런 건 아니에요. 영근 샘도 가끔 책 추천하기 위해서, 새로 나온 책에 서평을 쓰기 위해서 독서감상문을 써야 할 때가 있어요. 지금은 몇 번 쓰다 보니 정답이 있는 건 아니라는 생각에 마음껏 생각을 드러내지만, 처음 쓸 때는 무엇을 써야 할지 전혀 감을 잡을 수 없었어요.

독서록인 책나래 담기에 글을 쓸 때는 책 한 권을 다 담지 않아요. 책을 읽을 때마다 쓰는 것이라 생각 쓰는 것도 한 줄 남짓밖에 되지 않아요. 그런데 양식지에 독서감상문을 쓸 때는 주로 책 한 권을 온전히 다 읽고 난 뒤에 써요. 그림책보다는 줄글 책을 다 읽었을 때 마음먹고 써요. 물론 그림책을 읽고도 쓸 수는 있죠. 그런데 에이포 양식지 한 장에 독서감상문을 쓴다는 게 학생들한테는 쉬운 일이 아니에요. 그래서 우리 반에서는 학기에 두 번 쓰고 있어요. 여기에다 영화감상문으로 두 번 더 써요. 영화감상문이나 독서감상문이 크게 다르지 않으니까요.

독서감상문을 양식지로 쓸 때 처음부터 끝까지 학생들 힘으로 쓰게 하지는 않아요. 처음에는 아래에서 보여 주는 물음처럼 이 책을 읽고 학생들이 이런 생각을 드러낼 수 있지 않을까 하는 것을 찾아서 양식지에 담아요.

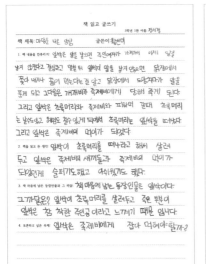

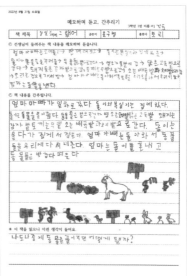

두었다. 난 자기 의얼에 자신감을 갖고 자기 빌을 열심히 해서 이 위인을 골랐다.

+ 참고) 위인을 고른 까닭, 위인 소개, 위인 살아온 기록(생애), 위인의 삶에서 기억에 남는 장면과 그 까닭, 위인에서 본받을 것, 위인전을 읽고 든 생각이나 느낌, 을 담아서 씁니다.

양식지 활용해 독서감상문 쓰기

※ 독서감상문 양식지에 생각을 이끄는 물음

① 내가 ○○라면 어떻게 할 것인가?

② 기억에 남는 장면(인상적인 장면)과 그 까닭은 무엇인가?

③ 책에 나오는 대사 중에서 마음에 드는 대사는? 그 까닭은?

④ 책에 나오는 등장인물 중에서 한 사람을 고른다면? 그 까닭은?

⑤ 책에서 기뻤던 장면, 슬펐던 장면, 감동적인 장면은? 그 까닭은?

⑥ 이 책을 소개한다면 누구에게 소개하고 싶은가?

⑦ 이 책을 읽기 전에 든 생각과 다 읽고 나서 든 생각은 같은가? 다른가?

⑧ 이 책을 다 읽고서 든 생각(느낌)은 무엇인가?

⑨ 내가 글쓴이라면 이 뒷이야기를 어떻게 써 보고 싶은가?

이렇게 독서감상문 양식지에 따라 쓸 내용을 나눠서 써요. 그다음에는 물음이 없는 빈 양식지에 처음부터 끝까지 스스로 쓰게 해요. 그냥 빈 양식지를 주는 거예요. 이때 가장 아래에 '책 소개, 책을 읽게된 까닭, 내용 간추리기, 내가 주인공이라면, 기억에 남는 장면과 그까닭, 책을 다 읽고 든 생각' 따위를 써 주어 무엇을 써야 할지 잘 떠오르지 않을 때 참고할 수 있도록 해요.

독서감상문 다시 쓰기

국어 수업 평가로 독서감상문 쓰기를 해요. 독서감상문으로 평가할 때는 그 책을 읽어 줄 때가 많아요. 물론 독서감상문 쓸 책을 학생들이 저마다 고를 수도 있어요. 그런데 학생들이 읽은 책 내용을 선생이잘 몰라 감상문을 제대로 썼는지 알 수 없을 때가 있어서 책을 읽어주고 써요. 학생들에게 읽어 준 책은 《학교에 간 할머니》(채인선, 창비)예요. 단편이라 학생들에게 읽어 주기 괜찮아요. 학생들은 읽어 주는걸 들으며 간추리고 독서감상문을 써요

학생들이 쓴 독서감상문을 읽어 봐요. 학생들이 쓴 글에서 아쉬운점이 여러 가지 보여요. 무엇보다 글자를 제대로 못 읽겠어요. 감상문을 처음 쓸 때, 글씨를 알아볼 수 있게 정성껏 써 달라고 힘껏 말하지

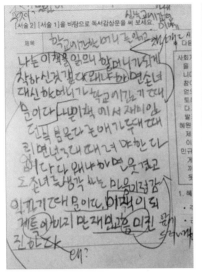

처음 쓴 독서감상문

다시 쓴 독서감상문

못한 선생 탓이기도 해요. 또 책을 소개하고 간추리는 걸 많은 학생들이 빼 먹었어요. 감상문이라는 말에 생각만 후딱 담고 말아요. 학생들 글을 하나하나 읽으며 도움말을 써요. 한 번이라도 제대로 써 보길 바라는 마음으로 정성껏 써요.

학생들이 쓴 독서감상문을 나누어 줬어요.

"우리가 평가하는 까닭이 무엇일까요?"

"지금 실력을 알아보는 것이요."

"어느 정도 아는지 확인하는 거요."

"더 잘하려고 하는 거요."

"평가는 지금 내가 어느 정도 아는지 알아보기 위한 것이지만, 또 다른 까닭은 모르고 서툰 것에서 한 걸음 더 나아가기 위해서예요. 그래서 수학 같은 경우 틀린 문제를 다시 풀어보는 것이고요. 오늘은 우리가 국어 수업 평가로 쓴 독서감상문을 다시 써 보려고 해요. 여러분이 쓴 독서감상문을 받으면 선생님이 써 둔 도움말을 한번 보세요. 그걸 참고로 다시 써 보세요."

평가지를 나눠 주고 독서감상문을 쓸 수 있는 새 양식지도 나누어 줘요.

"자, 그럼 다시 쓰는데, 부모님들은 보통 내 아이 시험지에서 맞고 틀린 것도 보지만 얼마나 더 성장했는지를 중요하게 봐요. 이 평가지를 부모님이 받을 때, 시험지와 함께 지금 쓸 독서감상문을 보잖아요. 그때 여러분 글이 더 나아졌다면 부모님은 틀림없이 좋아할 거예요. 쓰다가 어떻게 써야 할지 모르겠거든 손을 드세요."

학생들도 다시 써 보겠다고 해요. 이렇게 모두가 독서감상문을 다시 썼어요. 처음에 쓸 때보다 정성부터 달라요. 자기들이 쓴 글을 처음 독서감상문과 견주어 보며 스스로 느껴요. 이렇게 쓴 독서감상문을 처음 쓴 독서감상문 뒤에 풀로 단단히 붙여요.

"억지로라도 독서감상문을 쓰게 하면 좋겠습니다."

학부모 총회로 빙 둘러앉았다. 학부모마다 돌아가며 아이 이야기한다. 나는 귀담아듣는다. 마지막으로 우리 교실에 바람이나 궁금한 것을 듣는다. 나는 다 듣고서 한꺼번에 대답한다. 하나하나 대답하기보다 바람이나 질문을 다 받고서 마지막에 말하는 방법이 좋다. 크게 세 가지를 말씀하셨다. 그 가운데 '독서감상문'이 있어 이렇게 말했다.

"억지로라도 독서감상문을 쓰게 하면 좋겠다고 하셨어요. 그러면 책에 관심 없는 아이가 억지로라도 책을 읽을 것이라면서요. 네, 말씀 고맙습니다. 독서와 독서감상문을 우리 반에서는 이렇게 해요. 우리 반은 '억지로 쓰는 독서감상문'이 없어요. '억지로' 쓰려면 '억지로' 읽어야 해요. '억지로' 읽으면 책이 좋을까요? 좋을 리가 없어요. 오늘은 자투리 시간에 《점》(피터 H. 레이놀즈, 문학동네) 책을 읽었어요. 아이들은 제가 읽어 주는 책에 푹 빠져요. 제 말에 웃기도 하고, 긴장하기도 해요. 이렇게 책을 즐겁게 즐길 뿐 다른 바람은 없었어요. 제 바람은, 우리 아이들이 푹 빠지는 작은 즐거움 때문에 책을 들었으면 해요. 어른이 되어서도 책과 함께했으면 하고, 그러기 위해 저는 '억지로'가 아닌, 즐거움으로 책에 다가가게 돕고 싶어요. 아, 그렇다고 너무 걱정하지는 마세요. 국어 수업과 연계해 온작품읽기를 할 때는 읽고 간추리고 있으니까요. 간추리기가 익숙해지면 독서감상문으로 절로 넘어가요."

책 읽고 연극하기

교실마다 빛깔이 있다고 했어요. 사실 연극이 우리 반 빛깔이라고는 할 수 없어요. 연극을 제대로 알지 못하거든요. 그래도 어린이연극 전문가 선생님이신 변채우 선생님과 둔대초등학교에서 같은 학년으로 네 해 동안 만나면서 옆 반에서 많이 배웠어요. 채우 샘과 같이 지내기 전에도 참사랑땀 반에서는 연극을 했어요. 국어 수업으로 하거나 모둠 세우기 활동으로 해마다 서너 번 연극을 해요. 이때 보통 그 주제를 정하는 게 '책'이에요. 참사랑땀 반에서 연극하는 방법과 그림책과 온작품읽기로 하는 연극을 소개해요.

참사랑땀 반에서 연극하기

영근 샘은 연극을 직접 하는 것을 좋아하지 않아요. 채우 샘은 나에게 잘한다고 말하지만 사실 그건 빈말일 뿐 잘하지도 못해요. 그런데도 우리 반 학생들과 연극을 하는 건 무엇보다 학생들이 좋아하기 때문이에요. 학생들이 하는 연극은 볼 때마다 놀라요. 무대에서 마음껏 끼를 내뿜는 학생들이 많아요. 보통 때 수줍어하던 학생이 그럴 때는 더 놀라요. 무엇보다 학생들이 친구들이 하는 연극 공연을 정말 즐겁게 봐요. 같이 보는 선생은 웃음이 안 나는데 학생들은 배꼽을 잡고 웃어요. 어린이 마음을 헤아리려 하지만 이건 정말 못 따라가겠어요. 우리 반 연극 특징은 아래와 같아요.

짧은 준비 시간

연극 준비하는 시간이 길지 않아요. 어쩜 턱없이 모자라요. 길면 한 주, 보통은 월요일에 알린 뒤 금요일에 연극하거나, 짧게는 아침에 말하고 오전에 준비해 오후에 연극을 할 때도 있어요. 국어 시간에 준비 시간 한 시간을 주고는 나머지는 모둠에서 스스로 그 시간을 내야 해요. 시간이 없으니 학생들은 자투리 시간, 중간놀이 시간, 점심시간, 방과후에 시간을 내어 연습해요. 연극하기 바로 앞서 마지막 연습 시간을 가져요. 마지막 연습 시간은 십 분 남짓이에요.

준비 과정 스스로 살피기

'책 정하기, 역할 나누기, 연습하기' 같이 학생들이 연극을 하기 위해 필요한 과정을 칠판에 표로 그려요. 모둠에서 그 과정을 할 때마다 스스로 표시해요. 모둠에서 연극할 책을 정했으면 동그라미, 역할을 나누어 정했으면 동그라미, 연극 연습이 되었으면 또 동그라미를 해요. 물론 이런 과정에서 한두 모둠은 갈등이 벌어져요. 이 또한 학생들 스스로 풀어보라고 하면 문제를 해결하고서 연극을 무대에 올려요.

연극 무대 만들기

학교에 다목적실 같은 곳이 있다면 사용 일정을 살펴 그곳에서 할 수도 있어요. 그렇지 않으면 교실에서 할 때가 많은데, 이때는 교실 바닥에 네모난 선을 테이프로 그어요. 연극 무대죠. 네모난 선 안에서 하라고 해요. 그러지 않으면 많은 학생들이 문이나 칠판에 붙어서 하거든요. 네모난 곳 안에서 하니 보기에도 좋아요. 한편으로 선을 긋기만 해도 학생들은 조금 더 긴장하며 집중해요.

대본 보지 않고 연기하기

처음 연극할 때 학생들은 대본이나 책을 보고 하려 해요. 텔레비전이나 연극 무대에서 배우들은 대본을 보지 않는다고 말을 하며, 우리도 배우들과 마찬가지로 대본을 보지 않아야 한다고 하면 학생들은 놀라요. 걱정이 태산이라는 표정이에요. 대본을 보지 않으면 도저히 할 수 없다는 표정이죠. 이럴 때는 영근 샘이 조금 단호해요. 안 된다고 다시 한 번 힘주어 말해요. 걱정하며 선 무대지만 학생들은 무엇 하나 보지 않아요. 그리고 그다음 연극에서는 당연한 듯 대본이나 책을 보지 않고 해내요.

사진 찍기

연극하는 모습은 영상이나 사진으로 남겨요. 그 모습은 온라인 우리 반에 올려 학부모도 볼 수 있어요. 또 연극하기에 앞서 모둠끼리 한 장, 마치고 한 장을 찍어요. 앞서 찍는 사진은 응원이에요. 마치고 찍는 사진은 칭찬이고요. 연극 앞뒤로 몇 분 사이 사진이지만 두 사진

속 학생들 표정은 달라요. 긴장과 성취로 많이 달라요.

연극 마치고 이야기 나누기

연극을 마친 우리는 교실 바닥에 빙 둘러 앉아요. 연극을 마친 학생들에게 "연극을 하며 뭐가 좋았나요?" 하고 물어요. 돌아가며 모두가 한마디씩 해요. 한결같이 좋았던 것을 찾아 말해요. 자기, 친구, 모둠을 드러내며 칭찬하니 좋은 분위기로 마쳐요. 이때 누가 연기를 잘했는지, 어느 모둠이 최우수 모둠인지 가려 뽑지 않아요. 모두가 애써 연기했기에 서로 좋았던 모습을 찾으면 되니까요.

연극으로 크는 아이들

보통 교실에는 말을 잘 하지 않는 학생이 꼭 있어요. 이런 학생들이 연극에는 참여할 수 있을까 걱정이에요. 처음 연극에서는 주로 말 한마디 없는 역할을 맡아서 해요. 그런데 다음 연극에서는 짧지만 대사를 해요. 주고받는 말은 자신 없어서 해설을 맡던 학생도 다음 연극에서는 대사를 주고받아요. 심장이 터질 것 같다고 말하던 학생은 다음 연극에서는 그런 말을 하지 않아요. 준비물 하나 없이 하던 학생들이 다음 무대에서는 준비물을 스스로 만들어 챙겨요.

어울림에도 좋은 연극

친구들과 어울림이 적어 연극 준비할 때 서로 부담스러워하는 모습이 보여요. 그런데 연극은 함께해야 해요. 처음에는 거리를 두던 학생들도 연습할수록 서로 가깝게, 또는 몸 닿아 가며 연습해요. 연극에

① 연극 내용 정하기

② 연극 연습하기

③ 연극하기

④ 연극 돌아보기

서는 눈빛을 주고받으며 연기해요. 연극을 마치고 서로에게 애썼다고 격려하고 칭찬해요. 연극이 모둠 세우기에 도움이 돼요.

덜컹거림과 보람

모둠에서는 '무슨 책으로 연극하지?' 하는 첫 물음부터 서로 생각이 달라요. 같은 모둠이 되었지만 아직 서로를 잘 모르니 배려보다는 주장이 센 거죠. 그러니 생각을 모으는 과정이 쉽지 않아요. "선생님, 우리는 못 할 것 같아요." "선생님, 저는 안 하면 안 돼요?" 이처럼 이 과정을 힘들어하는 학생들도 있어요. 그럼에도 학생들은 책을 정해야해요. 시간은 가고 다른 모둠에서 연습하는 모습까지 보이니까요. 덜컹거리며 이야기 나누고 생각을 모아요. 연극할 작품을 골랐지만 그 뒤에도 서로 힘을 모아야 할 게 참 많아요. 배역 정하기, 대본 쓰기, 연습하기, 준비물 만들기 같은 것들이에요. 하나하나 덜컹거리지만, 시간이 지날수록 덜컹거림은 줄어들어요. 그리고 공연하는 날, 공연을 마친 학생들 표정은 밝아요. 보람이 가득해요.

그림책으로 연극하기

그림책이 이래저래 쓸 곳이 많아요. 토론할 때도 좋고, 수업 도움 자료로도 안성맞춤이에요. 그림책은 연극할 때도 좋아요. 그림책은 보통 사건 하나를 풀어내는 책이라 연극을 준비하는 학생들이 책 그대로 하면 돼요. 연극을 보는 학생들도 책 내용을 몰라도 연극을 보면 그 내용을 금세 알아챌 수 있어요.

그림책이 좋은 점으로 책 속 말이 쉽다는 것도 있어요. 그림책은 줄글 책보다 조금은 쉬운 편이에요. 우리말을 살려 쓴 게 많으니까요. 학생들이 보통 때 쓰는 말이 많아서 연극으로 하기도 관객으로 보기도 편해요. 당연한 말이지만 그림책은 책 한 권을 처음부터 끝까지 다 연기해도 그 길이가 그렇게 길지 않아요. 물론 그 내용이 길면 일부분만 연극으로 하기도 해요.

그림책으로 연극할 때 우리 반에서는 두 가지 방법으로 해요.

연극할 그림책 고르기

책을 고를 때는 학생마다 연극하고 싶은 책을 한 권씩 가지고 모여요. 모둠원들이 돌아가며 자기가 가져온 책을 소개해요. 모둠원들마다 자기가 고른 책으로 연극하길 바라겠지만 단 한 권만 할 수 있어요. 모둠마다 작은 갈등이 생겨요. 이때 가장 많이 쓰는 방법은 다수결이겠죠.

모둠에서 책을 정하면 그다음 과정은 비슷해요. 역할을 나누고, 대본을 함께 준비해요. 사실 대본은 그림책 그대로 쓸 수 있어요. 그런데 실제로 해 보면 책에 있는 대로 하는 모둠은 적어요. 그대로 하기에 길이가 긴 탓에 줄이는 모둠도 있고, 재미를 위해 대사나 내용을 조금씩 바꾸기도 하니까요.

연극을 마치고 둘러앉아 이야기를 나눌 때 이 책을 고른 까닭을 묻기도 해요. 연극을 마치면 연극의 바탕이 된 그림책을 서로 읽어 보려고 해요. 이렇게 그림책에 관심 보이는 학생들 모습이 보기 좋아요.

연극 준비하기

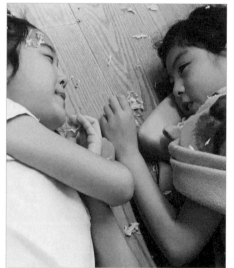

《강아지똥》으로 연극하기

선생님이 연극할 그림책 준비하기

"여러분, 모둠에서 그림책으로 연극할게요. 연극할 책은 앞에 있는 책이에요."

학생들은 앞에 준비해 놓은 책을 눈여겨봐요. 그사이 학생들은 귓속말을 주고받아요. 자기들이 하고 싶은 책으로 마음 모으는 거죠. 영근 샘이 학생들에게 읽어 준 책으로 준비할 때가 있어요. 이때는 무슨 책을 고르든 괜찮아요. 책을 맛볼 때 재미났던 기억이 있으니까요. 또 책 내용을 모두가 알고 있으니 연습이 쉬워요. 연극을 볼 때도 내용을 알고 있으니 이해가 쉬워요.

때로는 학생들에게 읽어 주지 않은 책으로 골라서 세워 둬요. 책 표지를 봐도 많은 학생들이 책 내용을 잘 몰라요. 이 책들은 주로 영근 샘이 학생들에게 소개하고 싶은 책들이 많아요.

어떤 방법이든 모둠마다 앞다투어 책을 고르려고 해요. 이럴 때 무작위 뽑기로 이름이 뽑힌 모둠 순서대로 책을 고르게 하면 학생들은 그 결과를 다 받아들여요.

그림책으로 연극하는 까닭

연극을 그림책으로 하는 까닭이 있어요. 언젠가 "연극은 여러분이 하고 싶은 주제로 할게요." 이렇게 말하고 연극을 한 적이 있어요. 학생들의 창의성이 가득 드러나요. 주제 정할 때부터 의욕이 넘쳐요. 그런데 연극 내용을 보면 마음이 불편해요. 그 내용은 하나같이 자극이 너무 커요. 상대를 손발로 때리고 찔러 죽여요. 마지막에는 스스로 죽으며 모두가 바닥에 엎드린 채 끝나기도 해요. 학생들은 이런 데 익숙

할 수 있지만 이건 참사랑땀 반 가치에 맞지 않다고 생각하며 그다음부터는 주제를 그림책으로 바꿨어요.

온작품읽기로 연극하기

많은 교실에서 온작품읽기로 꾸준하게 책 읽는 교실이 많아요. 그 사례도 알려져 여러 교실에서 실천하는 데 도움이 되기도 해요. 우리 교실도 꾸준하게 온작품읽기를 해 왔어요. 그 내용은 5장에서 조금 더 자세하게 안내할게요. 온작품읽기를 할 때 책을 다 읽으면 그 책으로 연극을 하기도 해요. '연극을 한다'가 아니라, '하기도 한다'고 말한 까닭은 온작품읽기 책으로 모두 다 연극을 하는 것은 아니어서 그래요.

작품을 다 읽고 연극 준비하는 모습을 살짝 옮겨 봐요. 학생들은 자기들이 읽은 책에서 어느 부분을 연극으로 나타낼지 생각을 모아요. 온작품읽기로 읽는 책이 장(챕터)으로 나누어져 있어 연극으로 나타낼 장을 골라요. 고른 장을 칠판에 있는 확인란에 숫자로 쓰죠. 그다음 과정은 앞서 설명한 과정과 같아요.

어제 ○○가 울었다. 어제 다른 학생들이 집에 가는데 ○○가 △△에게 연극할 책을 건넨다. 읽어 보라며. △△는 시간이 없다고 한다. 그래도 시간 날 때 읽어 보라며, 읽어야 한다고 꼬드긴다. 간절히 바란다. △△는 연극으로 준비한 걸 다 하지 말고, 한 장면만 하자고 한다.
"한 장면만 하면 되잖아."

"아니, 그래도 다 하기로 했으니까 요거, 요거만 읽으면 돼. 내용이 다 같아. 나오는 물건 이름만 바뀌니까."

"아, 나 시간이 없는데. 한 장면만 하자."

결국 집에서 못 하면 학교에서라도 읽어 달라고 부탁한다. 이렇게 화 한 번 안 내고 부탁하는 ○○가 교실을 나선다. 마침 나도 연구실 가는 길이라 같이 나선다. 손가락을 걸었다.

"○○아, 힘들제?"

고개를 끄덕이며 눈에 눈물이 보인다.

"그럼 역할을 적게 주는 건 어때?"

"자기가 해설한다고 해서요."

해설을 맡는다고 해서 해설을 줬는데 아직 하지 않으니 답답한 거다.

"그럼 다시 얘기해서 역할을 바꿔 보지?"

"네."

"너무 힘들게 하지 마. 네가 아프잖아."

"네."

오늘 아침에 △△가 글똥누기 다 쓰고 나에게 보여 준다.

"△△, 연극 책 읽어야지."

"네?"

"너, 연극할 책 읽어야지."

"아, 네." 하며 무엇인가를 낸다. ○○이와 내 눈이 마주쳤다. 내가 입 모양으로, '잘 했제?' 하니 씩 웃으며 고개 끄덕인다. 그런데 △△가 읽는 게 책이 아니다. 종이가 덕지덕지 이어 붙어 있다. ○○를 잠시 불렀다. △△

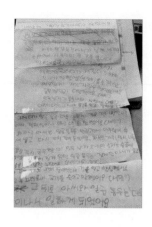

가 보는 게 뭐냐고 물었다.

"이게 뭐고?"

"△△가 외워야 할 것이요."

"아, 누가 썼노?"

"제가 써서 줬어요."

"다른 애들은?"

"다른 애들도 제가 써 줬어요."

"아, 그래. 알았다. 고맙다. ○○야."

○○가 한 행동에 가치판단을 말하지 않았다. 그냥 내가 갖지 못한 큰 마음에 고맙다고만 했다. 다음 연극이 어떨지 모르지만, ○○는 지금 정성을 쏟는 중이다. 이런 지고지순한 정성, 내가 선생으로 모자란 구석이다. 정성을 다하는 ○○가, 내 스승이다. (2018년 6월 28일)

친구와 책 추천하기

"이 책 좋은 책이에요. 한번 읽어 보세요."

선생님이나 부모님들이 학생이나 자녀에게 좋은 책을 고르고 골라 읽어 보라고 권해요. 고맙다며 반갑게 읽길 바라는데 어떤 아이는 또 책이냐며 싫어하는 표정까지 지어요. 어떤 아이는 알겠다고 받아 놓고서는 읽지는 않아요. 왜 이런 반응을 보일까요? 책이 싫은 것도 있지만 선생님이나 부모님이 권해서 그래요. 아이들은 선생님이나 부모님이 권하는 것은 시키는 것이라는 생각이 들거든요. 선생님이나 부모님들은 이런 반응이 억울하지만 어린 시절을 떠올리면 나도 그랬던 적이 있어 이해가 되기도 해요.

그런데 친구가 추천하는 것은 그 반응이 많이 달라요. 그것도 나와 친한 친구, 내가 좋아하는 친구라면 더 달라요. 나와 친한 친구가 추천한다면 커플 공책, 커플 반지 따위도 함께해요. 내가 좋아하는 친구가 하는 거라면 그게 무엇이든지 관심이 생기고 좋아 보이기까지 해요. '내가 좋아하는 책, 친구가 추천하는 책'은 이런 학생들 마음을 헤아린 활동이에요.

① 내가 좋아하는 책 준비하기

② 내 책 간추리기

③ 책 내기

④ 친구 책 가운데 책 고르기

⑤ 책 읽기

⑥ 친구 책 간추리기

이때 책을 바꾸는 방법으로 두 가지가 떠올랐어요. ① 친구들이 추천하는 책을 무작위로 고르는 방법이 있고, ② 좋아하는 친구와 추천하는 책을 바꿔 보는 방법이 있어요. 이때 가장 먼저 떠오르는 생각은 "친한 친구와 바꾸세요." 하는 말이에요. 이 말에 학생들은 우리 반에서 친한 친구와 책을 바꿀 수 있겠죠.

이때 학생들 모두가 친한 친구와 짝이 되기는 쉽지 않아요. 도리어 자기가 친하다고 생각한 친구에게 뽑히지 않아 괜한 오해가 생기며 사이만 나빠질 수 있어요. 학년 초에는 이 일로 속상한 학생들이 있었어요. 1학기에는 무작위로 고르는 방법을 쓰고, 2학기에는 학급 분위기를 살펴 뽑기 프로그램으로 뽑힌 학생이 책 바꿔 볼 친구를 정하는 방법으로 했어요.

※ 추천하는 책 무작위로 고르는 방법

① 내가 좋아하는 책을 한 권씩 골라요. 집에서 준비해 와도 좋아요. 준비하지 못했다면 쉬는 시간에 도서관이나 교실에서 준비해요. 준비한 책은 내가 좋아하는 책이라 몇 번이고 읽었겠지만, 다 같이 책 읽는 시간을 가져요.

② 책 읽는 시간을 가지고서 다 읽은 학생은 선생님에게 양식지를 받아요. 양식지에는 두 가지를 써요. 책을 간단하게 소개하는 글(간추리기)과 이 책이 좋은 까닭이에요. 두 가지 글을 써서 선생님께 내요.

③ 양식지까지 낸 학생은 자기 책을 교실 앞에 가져와요. 우리 반은 맨발교실이라 책을 교실 바닥에 내려놓아요. 교실 바닥에 학생들이 낸 책들이 가득 쌓여요.

④ 이제 친구가 낸 책 가운데 한 권을 골라서 가져갈 차례예요. 학생들은 자기가 좋아하는 친구, 자기랑 친한 친구가 낸 책을 벌써 알고 있어요. 이때 우리 반은

'컴퓨터 개인 뽑기 프로그램'으로 무작위로 학생을 뽑아요. 뽑힌 학생은 앞에 있는 책 가운데 자기 마음에 드는 책을 가져가요.

⑤ 가져간 책을 읽어요. 이 책을 읽은 다음 간추리고 좋은 점을 글로 쓸 것이라, 읽는 시간을 가지는 게 좋아요. 기간을 정해 언제까지 다 읽으라고 말해요. 그림책이라면 책 바꾸기 한 날 어느 정도 시간을 가지면 될 거예요. 고학년이라 줄글 책을 읽는다면 한 주 정도 시간을 가지면 될 듯해요.

⑥ 책을 다 읽었어요. 지난번처럼 학생들에게 양식지를 나눠 줘요. 학생들은 그 양식지에 자기가 읽은 책 제목을 쓰고 내용을 간추려요. 이 책이 좋은 까닭도 함께 써요.

5장

온작품읽기

온작품읽기를 하는 교실

온작품읽기(한 학기 한 권 읽기)를 하는 교실이 이렇게 많아요. 온작품읽기가 교육과정으로 들어오며 시작한 교실도 있겠지만, 사실 많은 교실에서 오래전부터 해 오던 활동이에요. 무엇이든 교육과정으로 자리매김하면 그 깊이가 달라져요. 우리 교실에서도 그전에 하던 온작품읽기보다 빛깔이 조금 더 살아났어요. 이는 온작품읽기가 교육과정으로 들어와 온작품읽기를 하는 교실이 많아지고 그 정보를 서로 나눌 수 있는 덕분이기도 해요.

〈한 학기 한 권 읽기〉는 하고 있나요? (59명 참여)
① 하고 있다.
▬▬▬▬▬▬▬ 38
② 한 권 이상 읽고 있다.
▬▬▬▬ 20
③ 못 하고 있다.
▬ 1

〈한 학기 한 권 읽기〉 책은 누가 정하나요? (57명 참여)
① 학년에서 정한다.
▬▬▬▬▬▬▬ 37
② 학급에서 정한다.
▬▬▬▬ 20
③ 학교에서 정한다.
0

한 학기 한 권 읽기 설문조사 결과

요즘 들어 온작품읽기 전문가, 그림책 전문가 선생님이 많이 보여요. 조금 과장한다면 학교마다 책과 관련한 전문가가 한두 분은 있지 싶어요. 그만큼 '책으로 다양한 학급운영을 하는 선생님'이 많은 거죠. 이런 선생님들의 실천 사례를 책이나 여러 자료로 어렵지 않게 구할 수 있으니 더 많은 교실에서 할 수 있어요. 이는 당연한 모습이기도 해요. 교실 빛깔을 찾을 때 '내가 좋아하는 것, 할 수 있는 것, 해 보고 싶은 것'을 살피면 좋아요. 많은 선생님들이 좋아하는 것에서 책을 빼놓을 수 없어요. 제 둘레에도 저를 기죽게 하는 책벌레 선생님들이 가득이에요. 이렇게 책을 좋아하는 선생님들이 교실에서 힘들이지 않고 할 수 있는 활동이 책과 함께하는 활동이에요.

영근 샘은 앞서 살핀 것처럼 학생들이 책을 좋아하길 바라는 마음에 이런저런 활동을 해 왔어요. 그러다가 채우 샘과 네 해 동안 같은 학년을 하며 온작품읽기를 꾸준하게 했어요. 둘은 온작품읽기 할 책을 정하고 책 읽는 활동을 서로 이야기 나누기도 했어요. 그렇게 함께 했기에 한 해에 적게는 여섯 권, 많게는 여덟 권을 온작품읽기로 읽을 수 있었어요.

온작품읽기 유의점

책 읽을 시간 만들기

온작품읽기가 제대로 되고 안 되고는 책 읽을 '시간'을 어떻게 만들어 내는가에 달렸다고 생각해요. 몇 해 전까지는 학생들이 8시 40분까지 학교에 와서 함께 '아침활동시간(아침자습)'을 가졌고 이때 '아침독서운동'이란 이름으로 많은 교실에서 책을 읽었어요. 그러다가 9시 등교로 바뀌면서 학생들이 학교에 오는 시각이 수업 시작하기 전까지 저마다 달라졌어요. 함께 무언가를 하는 시간을 내기가 힘들어요. 우리 반은 수업 시작 전까지 반 아이들을 기다리며 글똥누기를 쓰고 책 읽는 학생이 많아요. 그런데 아직 학교에 오지 않은 학생들이 있어서 그 시간에 온작품읽기를 할 수는 없어요.

코로나19 이전에는 '책나래 펼치기(둔대초에서 온작품읽기를 부르는 이름)' 시간이 일과표에 들어 있었어요. 학교 일과표에 9시에서 9시 10분까지 십 분 동안은 온작품읽기를 해요. 9시에 모두가 같은 책을 펴고 읽어요. 이것만으로도 아침 교실 분위기는 차분해져요. 숨소리만 들릴 정도로 조용해지고 친구가 책장 넘기는 소리만 들려요. 이렇게 책을 읽기 시작하면 십 분으로 끝내지 못해요. 1교시가 전담 수업이 아니라면 십 분은 이십 분이 되거나 삼십 분이 될 수밖에 없어요. 이렇게 날마다 책을 읽으니 학생들이 점차 좋아져요.

※ 아침마다 온작품읽기를 하며 눈에 띄는 학생들 모습
- 모두가 함께 책을 읽기에 9시까지 학교에 온다.
- 9시면 온작품읽기 할 준비를 한다.
- 온작품읽기 책을 펴고 함께 읽으며 금세 푹 빠진다.
- 책에 푹 빠져서 아침부터 하루 시작이 차분하다.
- 한 권에 같은 마음을 쏟기에 학생들끼리 공통 관심거리가 있다.

아침 십 분 책 읽는 시간이 없다면, 온작품읽기 시간을 일과 시간에서 빼낼 수밖에 없어요. 두 가지 방법이 있어요. ① 아침에 책을 십 분이나 이십 분 남짓 읽고, 1교시 교과 수업 시간을 줄여서 해요. 이 방법은 단지 시간만 빼는 것이라 교과서 내용을 지도할 때 어려울 수 있어요. 그렇기에 많은 교실에서는 온작품읽기를 교육과정과 연계해서 해요. ② 참사랑땀 반에서는 주로 국어 교과 수업과 연계해서 해요. '간추리기, 시, 편지, 감상문, 중심 문장-뒷받침 문장, 독서토론' 같은 내용은 교과서로 공부하기보다는 온작품읽기로 해요.

이 두 방법 모두 교육과정 재구성이라 할 수 있어요. 재구성이라지만 시간과 내용을 조금 바꾸는 수준이에요. 이 정도면 살아가며 주간 학습안내 만들 때 충분히 할 수 있어요.

책 고르기

앞 설문조사 결과를 다시 살펴요. 온작품읽기를 하는 선생님 57명 가운데 학년에서 책을 정하는 분이 30명, 학급에서 정하는 분이 20명 이에요. 온작품읽기 책을 학년 단위로 고른다면 학생들에게 조금 더 다양한 책을 소개할 수 있어 좋아요. 학년이 아닌 담임이 고른다면 선생이 좋아하는 책을 온작품읽기로 넣을 수 있어 좋겠죠. 함께 골라서 좋은 점, 혼자 골라서 좋은 점이 다 다르니 뭐든 괜찮아요.

요즘 많은 학교에서는 학년에서 읽을 온작품읽기 책을 학교 예산으로 사 두곤 해요. 영근 샘이 있던 학교도 그랬어요. 학년마다 종류가 다른 책 열 권 정도(책 선정은 학교 선생님들과 함께해요)를 책마다 서른 권 남짓 사서 각 학년 앞 복도에 책꽂이를 짜서 둬요. 학급에서는 언제든 그 책을 가져가서 학생들과 읽을 수 있어요.

2학기 개학하고 다음 날이었어요. 아침에 일찍 온 학생 둘을 불러 책을 가지러 가요. 우리 반 학생 수만큼 책을 가져오려니 혼자 힘으로는 할 수 없어요. 1학기에 《샬롯의 거미줄》《만복이네 떡집》《호랑이 뱃속 구경》《오즈의 마법사》《이상한 나라의 앨리스》를 읽어 여섯 번째 책을 골라야 해요. 같이 가던 학생이 "무슨 책 읽을 거예요?" 하고 물어요. "아직 못 정했어요." 책장 문을 열며 "여기 있는 책에서 다음 읽을 책 골라 볼래요?" 했어요. 많은 책에서 혜원이가 고른 책이 《어린 왕자》예요. 《어린 왕자》는 해마다 읽는 책이에요. 이 책으로 하면 좋겠다는 생각이 들어요. "좋아요. 그럼 가지고 갈까요?" 셋은 일곱 권, 일곱 권, 여덟 권(영근 샘)씩 나눠 들어요. 가져온 책은 우리 반 교실 영근 샘 책상에 뒀어요.

학생들과 읽을 온작품읽기 책을 고를 때 책이 주는 재미와 감동을 가장 먼저 생각해요. 책을 고르는 기준이 많지만 영근 샘은 책을 읽었을 때 느낀 재미와 감동을 가장 먼저 따져요.(158쪽에 어린이 문학을 고르는 기준을 참고하면 좋아요) 내가 읽었을 때 재미있고 감동을 받은 책이라 학생들에게 추천했을 때 학생들도 좋아했거든요. 온작품읽기 책을 고를 때는 재미와 감동, 그리고 학생들 수준을 함께 생각해요. 우리 반 학생 수준에 알맞은 책이어야 하잖아요.

그런데 그게 딱 맞을 수는 없어요. 가끔은 학생들에게 조금은 어렵겠다 싶지만 같이 읽을 때가 있어요. 그렇다고 너무 어렵지는 않아야 해요. 학생들 가운데 반 남짓은 스스로 읽을 수 있고, 나머지 반은 조금 어려워할 수 있는 책을 읽는 까닭은 함께 읽기 때문이에요. 책에 나오는 조금 어려운 낱말은 그 뜻을 함께 살피면 돼요. 책을 읽을 때마다 간추리니 그 내용을 어림할 수도 있어요.

또 우리가 함께 읽은 책은 학생들 마음에 오래 남아 다음에 또 읽을 수 있어요.《어린 왕자》를 읽을 때 옮긴이가 쓴 글을 읽으니 이런 이야기가 나와요. 옮긴이는 이 책을 세 번 읽었다고 해요. 초등학교, 대학교, 마지막으로 나이가 더 많이 들어서요. 초등학생 때는 책에 나오는 문장의 뜻을 제대로 헤아릴 수 없었다고도 해요. 영근 샘도《어린 왕자》를 해마다 읽는데, 그때마다 느낌이 조금씩 달라요.

《아기 장수 우투리》(서정오, 보리) 옛이야기 모음을 온작품읽기 일곱 번째 책으로 다 읽었다.

"여러분, 이제 마지막 책이에요."

"아, 아쉽다. 선생님, 이제 뭐 읽어요."

"영근 샘이 책을 몇 권 가지고 올게요. 그중에서 여러분이 골라서 읽었 으면 해요."

"와, 좋아요. 근데 뭐 가지고 올 건데요?"

"잠시만 기다리세요."

그림책으로 독서토론할 때 이렇게 책을 고른 적이 있다. 새로 산 그림 책 네 권을 꺼내 첫 장만 읽어 주고서 한 권을 고르게 했다. 그때 학생들 이 재밌어하며 관심 보였던 기억이 난다. 학교 책나래 펼치기 책꽂이에서 책을 네 권 골랐다. 그걸 교실로 가져오는 발걸음이 빨라진다.

"자, 이렇게 네 권이에요. 이 네 권을 읽어 본 사람이 소개 좀 해 주세요."

한 권씩 학생들이 기억나는 만큼 소개한다. 《별》만 읽은 학생이 없다. 다른 책은 읽은 학생들이 손을 들며 살짝 흥분하는 모습까지 보인다. 자 기는 읽었다며. 소개해 달라고 하니 잘 기억이 안 난다고 한다. 당연하다. 영근 샘이 조금 보태서 소개를 마친다.

"자, 그럼 정하도록 할게요. 《별》과 《빨간 머리 앤》이요."

손을 들어 정하는데 《빨간 머리 앤》이 대부분이다.

"이번에는 《푸른 사자 와니니》와 《이상한 나라의 앨리스》예요."

두 표 차이로 《이상한 나라의 앨리스》가 많았다. 와니니가 안 뽑히니 학생들이 아쉬워한다.

"그럼 와니니 책을 교실에 가져다 둘게요. 읽을 사람은 읽으세요."

"네!"

"자, 이제 정할게요. 《빨간 머리 앤》? 《이상한 나라의 앨리스》?"

《빨간 머리 앤》이 훨씬 더 많다. 한 명 빼고 다. 생각보다 놀라운 결과다.

"자, 그럼 이 책으로 할게요."

"앨리스도 보고 싶은데."

"그럼 앨리스도 가져다 둘게요. 볼 사람은 보도록 하세요."

"네!"

학생 몇과 책을 가지러 간다.《푸른 사자 와니니》와《이상한 나라의 앨리스》는 창가에 세웠다.

"읽을 사람 지금 가지고 가서 읽으세요."

여럿이 그 책을 가져간다. 영근 샘도 앨리스를 한 권 챙겼다.《빨간 머리 앤》을 가져와 나눴다. 책을 봤더니 한 학생이, "와, 두꺼워. 글도 많고." 하며 놀란다. 맞는 말이다. 책이 두꺼워 다 못 읽을 수 있다. 날마다 읽을 뿐. 고르는 과정에 학생들 생각에 영향을 미칠까 봐 못 한 말을 그제야 했다.

"사실 영근 샘도 앤을 엄청 좋아해요. 앤 팬이에요."(2021년 12월 19일)

TIP 이오덕 선생님이 밝힌 기준을 바탕으로 다시 정리한
'어린이 문학을 고르는 기준'

1. 어린이들의 아픈 현실을 풀어 줄 수 있는 책:《까마귀 소년》,《틀려도 괜찮아》
2. 일하는 즐거움을 느낄 수 있는 책:《이슬이의 첫 심부름》,《우리 순이 어디 가니?》
3. 아이들의 상상과 모험으로 즐거움을 주는 책:《벽장 속의 모험》,《지각대장 존》
4. 어린이 마음을 잘 드러낸 책:《점》,《에드와르도》
5. 어린이다운 모습이 잘 담긴 책:《고양이》,《고양이는 나만 따라 해》

6. 생명의 소중함을 담은 책:《거인 사냥꾼을 조심하세요!》,《비 오는 날 또 만나자》

7. 평화:《세상에서 가장 아름다운 나의 마을》,《히로시마》

8. 통일:《몽실 언니》,《곰이와 오푼돌이 아저씨》

9. 신나게 노는 이야기를 담은 책:《마법의 여름》,《심심해서 그랬어》

10. 옛이야기를 우리말로 잘 이야기한 책:《팥죽 할머니와 호랑이》,《훨훨 간다》

책 읽기

※ 참사랑땀 반에서 온작품읽기 책 읽는 방법

① 한 학생이 한 장(챕터)을 맡아서 다 읽는데, 해설만 맡아서 읽는다.

② 등장인물이 하는 말은 다른 학생이 한 인물씩 맡아서 읽는다.

③ 해설을 읽은 학생은 에이포 도화지에 간추리기를 한다.

도맡아 읽는 학생이 책 읽는 방법

책을 읽을 학생이 교실 앞으로 나와요. 앞에 나온 학생은 오늘 읽을 책 쪽수를 다른 학생들에게 말해요. 물론 다른 학생들이 앞에 나온 학생에게 말해 줄 때도 있어요. 앞에 나온 학생은 자기가 읽을 장 제목을 읽고 책을 읽기 시작해요. 이때 이 학생은 책에 나오는 해설만 읽어요. 이렇게 앞에서 책을 읽을 때 담임이 신경 써야 하는 게 있어요.

첫 번째는 목소리가 작으면 잘 안 들려요. 온작품읽기가 익숙해지면 책 읽는 학생의 목소리가 조금 작아도 학생들이 집중하니 조용해서 잘 따라 듣는데, 처음에는 낯설어서 어느 부분을 읽는지 놓치는 학

참사랑땀 반에서 온작품읽기 하는 모습

생이 있어요. "마이크 쓸래요?" 하고 물어보거나, 목소리가 작은 학생에게는 마이크 쓰는 걸 권하기도 해요.

두 번째는 해설을 읽는 학생이 책을 잘 못 읽을 수 있어요. 책 읽기를 꾸준하게 하면 다른 학생들이 그걸 헤아리고 기다려 주며 천천히 읽어 나가지만, 처음에는 불편해하기도 해요. 그래서 해설을 읽을 때 영근 샘이 도와주기도 해요. 책을 잘 읽는 학생이 읽을 때도 영근 샘이 도와 가며 읽어요. 그래야 잘 못 읽는 학생들만 읽어 주는 건 아니라고 생각하니까요. 한 장(챕터)을 다 읽고 다음 장을 읽을 때는 다음 번호 학생이 읽어요. 이렇게 번호 차례로 돌아가며, 한 장에 나오는 해설을 도맡아 읽어요. 책에 따라 읽는 양이 조금씩 다르지만, 두세

쪽이 보통인데 많게는 예닐곱 쪽을 읽기도 해요. 이때는 영근 샘이 더 많이 도와줘요.

등장인물을 맡는 학생들이 책 읽는 방법

한 학생이 해설을 도맡아 읽으니 그 양이 적지 않아요. 그래서 그 장에 나오는 등장인물이 하는 말(대사)은 다른 학생들이 읽어요. 해설을 읽는 학생의 다음 번호 학생부터 등장인물이 나오는 차례대로 인물의 대사를 읽어요. 이를테면 5번 학생이 해설을 읽는다면, 가장 먼저 나오는 등장인물 샬롯의 대사는 6번, 윌버의 대사는 7번 학생이 읽어요. 학생들이 읽는 동화에는 등장인물이 많은 편이고 대사도 많아 이렇게 나눠 읽으면 해설을 맡은 학생을 도와줄 수 있어요.

등장인물을 맡은 학생이 대사를 읽을 때, 인물 특징을 살려서 읽기도 해요. 그러니 대사 읽기를 좋아하는 학생들이 있어요. 이런 학생들이 여럿이면 온작품읽기 안에서 작은 연극을 하는 느낌을 받기도 해요. 등장인물을 맡은 학생들은 자기가 읽어야 할 몫이 있으니 그 장에서는 책에서 잠깐이라도 눈을 뗄 수가 없어요.

이때 학년이 낮거나, 이해력이 조금 떨어지는 학생들은 책을 읽을 때 자기가 맡은 인물이 말하는 차례인지 아닌지 잘 헤아리지 못할 때가 있어요. 이런 학생은 영근 샘이 도와줘요. 그 학생 옆에서 읽어야 할 부분을 알려 주거나, 그 학생과 눈빛을 주고받을 수 있는 곳에서 서로 마주보면서 그 학생에게 '읽을 차례예요.' 하고 눈빛을 보내 주기도 해요.

작은 도화지에 간추리기

앞서 4장 독후 활동에서 살폈듯 우리 반은 온작품읽기를 읽고 독서록을 써요. 한 장(챕터)을 읽을 때마다 간추리기를 해요. 간추리기를 기본으로 한 다음 생각까지 담기도 해요. 독서록은 줄 공책에다 쓰고, 지난번에 쓴 기록에서 한 줄을 띄우고 써요.

이때 이번 장을 도맡아서 읽은 학생은 독서록에 쓰지 않아요. 그 학생에게는 에이포 크기만 한 도화지를 한 장 줘요. 도화지에 간추리기를 쓰고 그림으로 꾸미기까지 해요. 한 장씩 차곡차곡 쓴 간추리기는 교실이나 복도에 전시를 하기도 해요. 각 장마다 간추린 내용만 읽어도 온작품읽기로 우리가 읽은 책 내용을 다 알 수 있어요.

온작품읽기 어떻게 할까?

《오즈의 마법사》로 오즈의 나라 그리기

간추리기

날마다 거의 한 장(챕터)씩 읽어요. 읽을 때마다 줄 공책 독서록인 책나래 담기에 간추려요. 생각을 보태어 쓰기도 해요. 이렇게 우리가 읽은 걸 기록으로 남겨요. 이때 이 장을 맡은 학생은 도화지에 간추려요. 맨 위에 장 번호를 쓰고 간추리기 내용을 써요. 빈 곳에는 장면에 어울리는 그림을 그려요. 책에서 보고 그대로 그려도 괜찮아요. 이렇게 하나씩 완성될 때마다 복도에 전시해요. 그러니 간추리는 학생들은 더 정성껏 써요. 글 쓴 사람 이름을 맨 아래에 쓰거든요. 이렇게 장마다 간추리고 전시하는 건 다른 작품을 읽을 때도 똑같이 해요.

'오즈의 나라' 그리기

책을 다 읽었어요. 미술 교과 두 시간 동안 '오즈의 나라'를 그릴 거예요. 교실 바닥에서 하려고 하니 책상을 옆으로 다 치워요. 학생들도

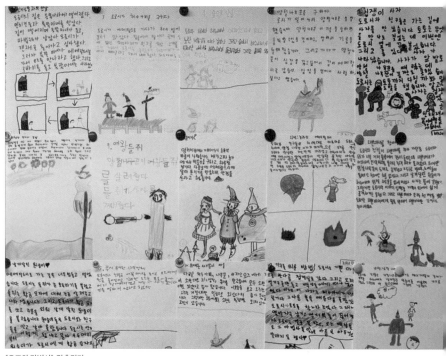

《오즈의 마법사》 간추리기

학생들이 그린 오즈의 나라

둘레에 서 있게 하고는 교실 바닥에 전지 붙임종이를 네 장 붙여요. 네 장을 조금씩 덧붙인 다음 풀로 단단히 붙여요. 이제는 학생들이 둘러앉아 오즈의 나라를 그려요. 가운데에 에메랄드시를 그리고 동, 서, 남쪽으로 각 나라를 그려요. 동쪽 나라 옆에는 캔자스도 나타내요.

처음 그릴 때는 두 시간으로도 모자랐는데, 이 책을 읽을 때마다 해 보니 학생들 지도 방법이 익숙해져 나중에는 두 시간 안에 다 그릴 수 있게 되었어요. 한 번에 다 그리지 못할 때는 교실 앞에 종이를 붙여 두고서 자투리 시간이 나는 대로 나라를 채워 나가요. 해마다 학생들이 그리는 오즈의 나라를 보며 놀라요. 오즈의 나라를 그릴 때마다 선배들이 그린 걸 보여 줘서 그런지 학생들은 선배들 작품 못지않은 나라를 그려요. 다 완성한 작품을 칠판 아래에 붙이는데 학생들이 매우 뿌듯해해요. 《오즈의 마법사》를 읽을 때마다 우리만의 오즈의 나라를 상상 속에서 알록달록한 나라로 세워요.

TIP 오즈의 나라 그린 과정

1. 금요일 미술 교과 두 시간 동안 했어요.

2. 책상을 교실 옆으로 밀어 바닥 공간을 만들어요.

3. 전지 붙임종이를 네 장 붙여요. 조금 겹치게 해 풀칠도 하고요.

4. 매직과 사인펜을 두고서 마음껏 쓰게 해요.

5. 전지에 동서남북 방향만 연필로 표시해 줘요.

6. 학생들은 그리고 싶은 나라를 마음껏 그려요.

7. 유의한 것

　　가) 성향에 따라 끼기 힘들어하는 학생이 있어 자리를 잡아 줘요.

오즈의 나라를 그리는 학생들

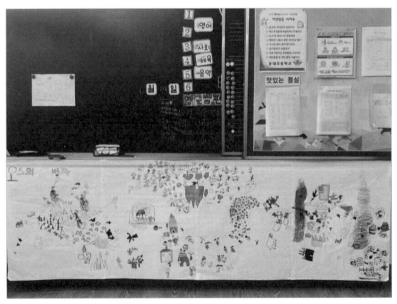

학생들의 상상력으로 그려 낸 오즈의 나라

나) 무엇을 해야 할지 모르는 학생이 있어 그릴 것을 알려 줘요.

다) 만나기만 해도 으르렁거리는 학생들이 있어요. 떨어지게 해요.

라) 시간이 흐르며 집중하는 힘이 떨어지는 학생이 있어요. 쉬었다 하라고 말해요.

영화 보기

책을 읽고 영화를 보기도 해요. 모든 책은 아니고 책을 바탕으로 영화를 만든 작품을 몇 편 골라서 봐요. 《오즈의 마법사》는 그런 영화예요. 우리가 보는 영화는 1939년에 만든 뮤지컬 영화(감독: 빅터 플래밍)예요. 사실 이 영화를 보며 걱정했어요. 백 년 가까이 된 오래전 영화인데다가 화질이 깨끗하지도 않아요. 무엇보다 학생들에게는 낯선 뮤지컬 형식이니까요.

뮤지컬 영화 《오즈의 마법사》

그런데 이런 걱정이 괜한 걱정이었음을 바로 깨달을 수 있어요. 학생들은 영화에 폭 빠져서 봐요. 영화관에서 영화를 볼 때처럼 과자를 먹으며 보고 싶다고 해요. 그럼 과자를 봉지째 가져오지는 말고 통에 넣어서 가져오라고 해요. 과자를 먹으며 영화에 푹 빠진 학생들 모습이 얼마나 귀엽고 사랑스러운지 몰라요. 영화 내용은 우리가 책으로 읽어서 알고 있지만, 책과는 표현이 달라 재미도 있어요. 과자는 맛나기도 하겠죠.

영화를 봤으니 영화감상문을 써야죠. 영화 보고 쓴 글에서는 영화

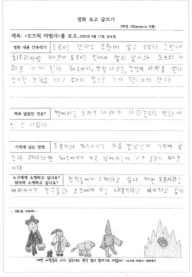

영화감상문 쓰기

내용 간추리기와 책과 달랐던 것, 기억에 남는 장면과 이 영화를 누구에게 소개하고 싶은지 그리고 그 까닭을 물었어요. 참고로 우리 학생들이 글 쓸 때 모습이 아름다워요. 집중해서 쓰는 모습이 참 보기 좋아서 "영상 찍어요." 말했어요. 그리고 나서 교실 뒤에서 글 쓰는 모습을 담았어요. 화면 속 학생들이 잠깐 멈춰 생각하는 모습이 좋아요.

오즈의 나라 탐험하기

학생들과 오즈의 나라 탐험을 한 적이 있어요. 영근 샘이 학교 가까운 데에 살던 적이 있어요. 그래서 학교 둘레 산이며 마을을 잘 알았죠. 학생들과 나들이를 가끔 했는데 이때 마을을 지나 자그마한 산을 넘었어요. 학교 가까운 곳이지만 산을 넘어 본 학생은 거의 없어요.

오즈의 나라 탐험하기

앞서 말했지만 이곳은 영근 샘이 두 해 동안 살던 곳이기도 해요. 맨 앞에서 영근 샘이 살았던 곳으로 간다며 당당하게 말했지만 길을 잃고 말았어요. 이때 우리가 읽은 《오즈의 마법사》가 생각났어요.

"오늘 우리, 오즈의 나라를 가 봅시다."

길이 아니라서 걷기 불편한데 학생들은 신나게 걸어요. 가는 길에 책 《오즈의 마법사》에 나오는 여러 나라를 찾기도 했어요. 더운 여름에 잘못 들어간 길이었지만 오즈의 마법사 덕분에 이야깃거리가 있어 덜 힘들었어요. 보통 학교에서는 겪기 힘든 경험이라 오래 남아요.

《샬롯의 거미줄》로 연극하기

중심 문장-뒷받침 문장 쓰기

국어 수업으로 중심 문장과 뒷받침 문장 쓰기를 배워요. 교과서에서 배우는 내용을 온작품읽기로 읽는《샬롯의 거미줄》로 할 수 있어 좋아요. 이럴 때는 굳이 교과서를 펼 필요도 없어요. 영근 샘이 준비한 학습지를 나눠 주고 바로 활동으로 이어 갈 수 있어요.

먼저 우리가 읽은 책 속 등장인물을 학생들과 이야기 나누며 다 드러내요. 학생들은 등장인물 가운데 사람 또는 동물처럼 인물 하나를 정해요. 그 등장인물을 가장 잘 드러내는 문장으로 중심 문장을 써요. 중심 문장을 쓴 학생들은 뒷받침 문장을 이어서 써요. 중심 문장은 하나, 뒷받침 문장은 셋을 써요. 뒷받침 문장은 중심 문장을 자세하게 설명하거나 도와주는 내용이어야 해요. 이때 학생들은 시키지 않아도 《샬롯의 거미줄》책을 들춰 봐요. 중심 문장과 뒷받침 문장을 다 쓴 학생은 그것을 이어서 써요. 문단으로 넘어가는 과정이에요.

이때 우리 반 학생들은 그림으로 나타내기도 해요. 모두가 그림으로 나타내는 건 아니에요. 글쓰기를 다 끝낸 학생들에게 그림으로 그려 보라고 부탁해요. 글을 쓸 때마다 우리 반 학생들에게 힘주어 말하는 건 있어요. "정성껏 써 주세요." 이 말을 글 쓸 때마다 되풀이해요.

《샬롯의 거미줄》로 하는 과학 발표 수업

우리 반 수업 빛깔에는 발표 수업이 있어요. 학기에 서너 번 정도 해요. 주로 사회와 과학 시간에 주제를 정해서 해요. 과학 발표 주제

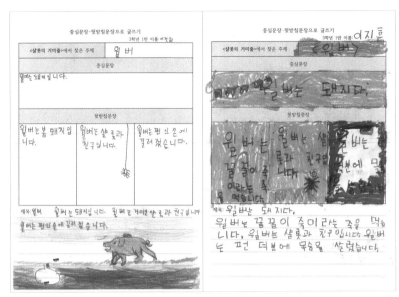

중심 문장과 뒷받침 문장 쓰기

《샬롯의 거미줄》에 나오는 등장인물로 공부하는 동물의 한살이

가 '동물의 한살이'예요. 마침 온작품읽기로 《샬롯의 거미줄》을 거의 다 읽은 때예요. 발표할 동물을 정할 때 《샬롯의 거미줄》 책에 나오는 동물을 함께 넣었어요. 책에 나오는 동물이 학생 수보다 적어 나머지는 학생들이 좋아하는 동물(다람쥐, 금붕어, 개, 고양이, 고래, 거미, 햄스터, 파리, 나비, 거위, 귀뚜라미, 돼지, 말, 소, 양, 미어캣, 쥐, 까마귀, 고슴도치)로 채웠어요. 학생들은 《샬롯의 거미줄》에 나왔던 동물에 관심을 더 보이며 서로 자기가 발표하려고 해요. 결국 발표하고 싶은 동물을 무작위 뽑기로 정했어요.

연극하기

《샬롯의 거미줄》로 연극하던 모습이 떠올라요. 학기에 한두 번씩 온작품읽기로 연극을 해요. 《오즈의 마법사》 《마당을 나온 암탉》 《마틸다》 같은 작품으로 했어요. 책을 다 읽고 나면, 책을 다 읽은 그날 4교시에 연습해서 점심 먹고 5교시에 연극 무대에 서자고 말해요.

"연극 준비할게요."

칠판에 표를 그리며 책에서 장면을 뽑아 정하라고 해요. 연극은 모둠으로 준비하고 발표해요. 학생들은 책을 펴고 자기들이 할 장면을 정해요. 이어서 역할을 나눠요. 여기까지 되었다면 이제는 연습만 남았어요. 이렇게 4교시에 준비한 연극은 점심시간까지 연습해, 5교시 십 분이 지나면 무대에서 연극으로 올려져요. 이때는 연극이 처음이라 번갯불에 콩 볶아 먹듯이 했어요. 연극을 준비하고 올리는 과정을 한 번 익히는 것이고 그다음 연극에서는 조금 더 시간을 주고 해요.

연극 준비하는 모습을 조금 더 들여다봐요. 장면과 역할을 정하려

《샬롯의 거미줄》로 연극하기

니 모둠으로 모여야 해요. 책에서 무엇을 할지 정할 때 빨리, 쉽게 정하는 모둠이 있고 오래, 어렵게 정하는 모둠도 있어요. 잘 안되니 선생에게 하소연하기도 해요. 영근 샘은 모른 척하며 학생들 스스로 알아서 풀어 보라고 해요. 이걸 풀어내지 못하면 무대에 설 수 없어요. 자꾸 선생님에게 기대는 까닭은, 학생 성향도 있지만 스스로를 믿지 못하기 때문이기도 해요. 그럴수록 더, 스스로 해 볼 기회를 줘요. 연습하는데 처음이라 책을 보며 연극하는 학생이 많아요. 크게 소리 내 말해요.

"책 보지 말고 하세요."

첫 연극이라 더 힘주어 말해요. 서툴지만 스스로 해 봐야 그다음에는 아무런 말을 하지 않아도 책을 보지 않거든요. 책을 보면 안 된다는 말에 걱정이 태산 같던 학생들에게 조금은 마음 놓을 수 있는 말을 덧붙여요.

"책에 나오는 말을 그대로 하지 않아도 돼요."

책상을 옆으로 치워요. 무대는 바닥에 색띠를 둘러서 만들어요. 마지막으로 학생들은 십 분 남짓 연습을 더 해요. 연극 올릴 차례는 무작위로 뽑아요. 첫 번째 연극할 모둠 학생들이 무대에 서고, 그 떨림이 고스란히 느껴져요. 떨면서도 용기 내어 하는 대사와 몸짓에, 보는 학생들은 크게 웃어요. 그 웃음이 긴장을 풀어 줘요. 다음 무대도, 그 다음 무대도 아이들은 웃음이 가득해요.

이럴 것이라는 걸 진작에 알고 있어요. 무대에 서는 학생들은 용기 내어 할 것이고, 보는 학생들은 좋아할 것이라는 걸 알고 있어요. 늘 그랬거든요. 연극할 때마다 준비하는 과정에서는 어려워하고 무대에 오르기 전에는 떨지만 연극할 때는 그 속으로 모두가 다 들어가요.

연극을 다 마친 학생들은 빙 둘러앉아 좋았던 걸 이야기 나눠요.

토론하기

온작품읽기를 읽을 때 토론을 하기도 해요. 토론하는 과정은 6장에서 자세하게 소개할게요. 여기에서는 《샬롯의 거미줄》을 읽고 토론한 이야기만 풀어 써 볼게요. 참고로, 온작품읽기로 토론한 책과 주제는 아래와 같아요.

- 《마당을 나온 암탉》 초록머리는 잎싹을 두고 가야 한다.
- 《만복이네 떡집》 마음을 읽을 수 있는 떡이 있다면 먹을 것인가?

- 《몽실 언니》밀양댁이 정씨를 버리고 김씨에게 간 것은 잘한 것이다.
- 《빨간 머리 앤》앤은 린드 부인에게 사과해야 한다.
- 《어린 왕자》어른이 어린이보다 행복하다.
- 《오즈의 마법사》뇌(지혜)와 심장(마음)에서 하나를 고른다면?

책을 다 읽으면 학생들에게 두세 가지 생각을 자극해요. 짧은 시간에 모두가 참여할 수 있는 방법으로 붙임종이를 나눠 주고 써 붙이도록 해요. 많은 교실에서 책을 읽고 질문 만들기 수업을 하곤 하는데, 참사랑땀 반은 질문은 선생이 만들고 학생들은 그 질문에 자기 생각을 드러내요. 질문은 토론 수업에서 충분히 하고 있으니까요.

※《샬롯의 거미줄》읽고 토론 준비하기

① 책을 다 읽고 든 생각은?
- 샬롯이 죽어서 슬프다. 샬롯이 윌버의 좋은 친구가 되었는데 새끼 거미를 낳고 바로 힘없이 죽어서 슬프다.
- 샬롯이 윌버를 다정하게 대하는 것을 보고 나도 친구들에게 잘해 줘야겠다고 생각했다.

② 윌버처럼 약하게 태어나 스스로 살아갈 힘이 없는 동물은 어떻게 해야 하나?
- 태어난 존재인데 약한 동물이니 사람이 데려가거나 집을 만들어 줘야 한다.
- 죽여야 한다. 혼자 살 힘이 없다면 죽여야 한다고 생각한다.

③ 내게 우리 반 친구란? 그 친구를 위해 무엇을 할 수 있나?
- 그네를 타고 싶다고 하면 양보해 준다.
- 힘든 일이나 어려운 일을 돕는다.

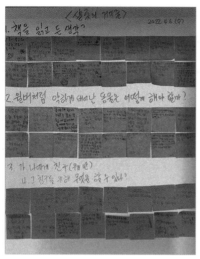
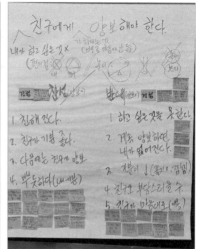

책 읽고 토론 주제 정하기, 논제 분석하기

학생들 생각을 들으며 토론 주제를 정하려고 이야기를 나눠요. 처음에는 '윌버처럼 약하게 태어난 동물은 살리는 게 맞을지, 죽이는 게 맞을지'로 토론하려 했어요. 그런데 학생들은 한 명을 빼고 모두 '잘 키워야 한다'고 해요. 이렇게 귀한 마음을 굳이 토론으로 깨고 싶지 않아요.

그래서 세 번째 질문인 친구를 주제로 토론하는 게 좋겠다고 생각했어요. 학생들에게 친구가 무엇을 하자고 할 때 왜 갈등이 생기는지 상황을 물으니 '다른 놀이를 하고 싶다고 한다, 다른 걸 먹고 싶다고 한다, 숙제하는데 놀자고 한다' 같은 걸 떠올려요. 그래서 우리는 '(내가 하고 싶은 것을)친구에게 양보해야 한다'를 논제로 삼았어요. 그다음 논제 분석은 학생들과 해요. 논제 분석에서 학생들이 찾은 찬성과 반대의 근거는 다음과 같아요.

- 찬성: 친구와 친해진다. 친구가 기분 좋아한다. 다음에는 친구가 양보할 것이다. 내 기분이 뿌듯하다.
- 반대: 내가 하고 싶은 것을 못 한다. 계속 양보하면 내가 없다. 기분이 좋지 않다. 친구도 부담스러울 수 있다. 친구가 마음대로 이용한다.

논제 분석한 것을 참고로 토론을 위해 주장하는 글(입안문)을 써요. 그다음 짝 토론과 전체 토론을 해요. 토론을 마치며 '앞으로 이런 상황에서 어떻게 할 것인지?'를 한 번 더 생각해 봤어요.

《어린 왕자》로 부모와 함께 읽기

아름다운 그림 그리기

앞에서 책을 읽을 때마다 간추린다고 했어요. 간추릴 때는 이야기 차례대로 서너 문장으로 나타내요. 보통 때 책을 읽고 책나래 담기에 쓰는 건 내용을 간추리는 거예요. 그 글을 읽은 학생은 에이포 도화지에 간추린 내용을 크게 쓰고 빈 곳에다 그림을 작게 넣어요. 그런데 《어린 왕자》는 조금 다르게 했어요. 글을 먼저 쓰지 않고 그림을 크게 나타내자고 했어요. 자기가 읽은 장을 나타내는 대표 그림을 상상해서 그리든 책에 있는 것을 그대로 따라 그리든 크게 그리고, 나머지 빈 곳에 책 내용을 간추리는 거예요. 그림이 예쁜 책이라서 그렇기도

《어린 왕자》 읽고 그림으로 간추리기

하고, 글보다 그림을 더 좋아하는 학생들이 많기도 해서 표현 방법을 달리해 보았어요.

〈꽃과 어린 왕자〉 노래 부르기

우리 반에는 〈시와 노래〉라는 노래 책이 있어요. 영근 샘이 음악 시간에 부르거나 날마다 노래 친구를 정해서 학생 한 명에게 불러 주는 노래를 모은 책이에요. 또 우리 반은 기타 동아리가 있어요. 기타 동아리가 이 책에 있는 노래를 연습해 공연을 하기도 해요. 이렇듯 우리 반은 노래와 친해요. 날마다 노랫소리가 그치지 않아요. 《어린 왕자》를 읽을 때는 〈꽃과 어린 왕자〉(사랑의 듀엣 노래) 노래를 불러요.

밤하늘에 빛나는 수많은 저 별들 중에서 유난히도 작은 별이 하나 있었다네.
그 작은 별엔 꽃이 하나 살았다네. 그 꽃을 사랑한 어린 왕자 있었다네.

학부모와 함께 읽기

책은 어디서, 어떤 상황에서 보는가에 따라 마음에 남는 게 달라요. 읽는 때에 따라 더 다르게 다가와요. 나에게는 《어린 왕자》가 그런 책이에요. 해마다 학생들과 읽을 때마다 마음에 남는 구절이 달라요. 어린 왕자 처지에서만 책을 보다가, 여우가 되기도 하고, 꽃이 되기도 해요. 그래서 《어린 왕자》를 다 읽으면 학생들에게 "다음에 꼭 다시 읽어 보면 좋겠어요. 영근 샘도 이번에 여러분과 읽으니 또 다른 게 보이고, 드는 생각도 달라요. 여러분도 다음에 꼭 다시 읽어 보세요." 하고 말하곤 해요.

《어린 왕자》를 학생들과 다 읽었어요. 이 책을 학생들에게 집으로 가져가라고 해요. 그러면서 집에서도 한번 읽어 보면 좋겠다며 부모님께 편지를 써요. 부모들도 《어린 왕자》를 한 주 동안 읽어요. 물론 읽을 수 있는 분만 읽겠죠. 읽고서 든 생각이나 마음에 남는 구절을 써 보라고 부탁도 드려요.

《어린 왕자》책을 읽고, '마음에 남는 구절' '읽고 든 생각' '다시 읽고 나서' 그리고 그밖에 하고 싶은 말이 떠오른다면 써 주세요. 길이는 몇 줄이든 관계없어요. 자유롭게 써 주세요. 글을 써 보면, '아, 이거 쉽지 않네.' 하는 생각이 절로 들 거예요. 우리 학생들은 책 읽을 때마다 간추리고 생각을 담죠. 뚝딱 해내지만 사실은 쉽지 않은 일이에요. _영근 샘

• 염선옥(예원 어머니): 아이를 낳고 다시 읽었는데 역시 또 다른 방식으로 날 가르친다. 글 속의 비행사는 바로 나였고 어린 왕자는 나의 자녀가 되어 있었다. 내가 그렇게 이해할 수 없던 어른이 바로 내가 되어 있었다. "난 지금 중요한 일을 해야 한다고!" 난 아직도 아이들에게 아이의 질문의 답이 아닌 내 얘기만 하고 있다. 하지만 난 엄마이기에 어린 왕자를 놓치지 않고 그와 더 많은 대화로 서로를 알아 갈 것이다. 내 자녀지만 역시 나와 다른 별의 어린 왕자이니까.^^

• 전채원(효린 어머니): 우리 집에는 어린 왕자 책이 세 권이 있습니다. 제가 고등학교 때 산 어린 왕자 책, 삼십 대 접어들어서 산 책 그리고 최근 들어서 산 어린 왕자 필사 책이 있습니다. 어릴 때 읽었던 어린 왕자의 첫 장면에서 "나의 1호 그림을 보고 보아뱀이 코끼리를 먹는 그림"이란 것이 그냥 웃기기도 하고 엉뚱하다고 생각했습니다. 처음 느꼈던 그 감정이 어린 왕자 책을 가볍게 읽게 하였던 것 같습니다.

점점 어른이 되면서 꺼내 읽은 어린 왕자 책은 읽을 때마다 새롭고 느낌이 다른 것 같았습니다. 어린 왕자 책 속에 비행기 조종사가 어릴 때의 순수한 마음이 어른들에게 부정당했던 것과 어린 왕자가 별들을 여행하면 만났던 다양한 어른들의 모습이 어느새 내가 그 속의 어른들의 모습이 되어 버린 것 같아서 부끄럽게 슬퍼졌습니다. "난 네 웃음소리가 정말 좋아!" "그게 내 선물이야. 밤하늘을 바라볼 때 어느 한 별에서 웃고 있을 테니깐." 이 내용처럼 마지막 선물이 이 책을 다시 읽는 나에게도 전해지는 기분이었습니다.

어릴 때 나는 어른이 되면 어떻게 살아야지, 하며 꿈을 꾸었던 삶에 대한 깊은 성찰과 어른이 되어서 잊어버린 것도 생각나게 하고 점점 나이 들어가면서 누군가를 가르치고 지적하려고만 하는 일명 꼰대스러운 이상한 어른처럼 행동해 가려는 시기에 다시 되돌아보게 되는 시간이었습니다. 오늘 밤하늘에서 어린 왕자의 미소를 찾아보아야겠습니다.

- 정경진(일우 어머니): 어린 왕자는 마음 시끄러울 때 찾게 되는 책입니다. 내 주변이 더 소중하게 느껴지거든요. 어릴 때, 연애할 때, 아이를 낳고 나서 읽는 느낌이 다 다르기도 합니다. 그래서 좋아하는 책입니다. 이번에 읽은 어린 왕자에서는 이 구절이 마음에 남아요. '그들이 찾는 걸 단 한 송이의 꽃이나 단 한 모금의 물에서 찾을 수도 있어. 하지만 그건 눈에 보이지 않아. 마음으로 찾아야 해.'

  그리고 일우가 알림장에 또박또박 적어 오는 '오늘의 사랑이'가 떠오릅니다. "오늘의 사랑이는 왜 ○○이야?" 물으면 이유를 얘기해 줍니다. "제 글씨가 예쁘다고 칭찬해 줬어요." "기타 치는 걸 도와줬어요." "어려운 수학 문제를 도와줬어요." "제 그림이 멋지다고 얘기해 줬어요." 얘기를 들으면 내 마음도 고맙고 따뜻해집니다. 매일같이 서로에게 '오늘의 사랑이'가 되어 준 아이들이 서로에게 길들여진 어린 왕자와 여우 같아요.

- 이도희(새아 어머니): 마음에 남는 구절 - 어린 왕자가 비행사에게 양을 그려 달라고 하자 그림을 잘 그리지 못한다는 비행사에게 "그건 별로 중요하지 않아."라고 하는 부분. 우선 저에게는 저 구절이 계속해서 되뇌어 보게 됐습니다. 제 아이에게 잘하지 않아도 괜찮아, 틀려도 괜찮

다고 자주 해 주는 말이지만 정말 내 마음이 그랬는지……. 말은 그렇게 해 놓고 어쩌면 잘하는 것만 보고 요구하지 않았나 깊게 생각해 보게 되었습니다.

이 책에서 어린 왕자는 많은 별들을 여행하며 만나는 이들을 어른들의 욕심이나 권력 혹은 허세 같은 모습을 보여 주고 있다고 느꼈습니다. 과연 아이의 시선에서 나의 모습은 어떠한지. 나 또한 저런 어른의 모습이 되어 있는 건 아닌가……. 아이의 이상한 질문들과 반복되는 이야기에 나는 얼마나 귀찮아했으며 지금 내가 하고 있는 일이 더 중하고 급하다 생각하며 비행사가 어린 왕자에게 했듯 건성으로 대답하고, 아이는 또 어른인 나에게 자신의 언어를 이해시켜 주기 위해 설명하기도, 혹 말하기를 포기하진 않았나. 돌이켜 보는 시간을 가졌습니다.

요즘 많은 어른들도 관계에 어려움을 겪기도 하는데 여우와 뱀을 통해 전달하는 부분 또한 공감하며 슬프기도 했습니다. 끝으로, 육아 도서 같으면서 시집을 읽는 듯 감성적이기도 했으며, 이 소설책 하나로 남녀노소 구분 없이 이렇게나 많은 교훈을 주는 힘이 대단하다 느껴졌습니다. 부끄럽게도 이 책을 끝까지 제대로 읽은 건 처음이었습니다. 읽어 볼 수 있는 기회를 주신 선생님께 감사드립니다. 덕분입니다.^^

• 김현주(보배 어머니): 어린 왕자를 읽으며 힐링하는 시간, 되돌아보는 시간, 앞으로 나아가는 시간을 가졌습니다. 쉽게 넘어갈 수 없는 깊이 있는 철학서 같기도 하고 나는 어떤 사람인지 심리학서이기도 하고 아이를 어떻게 바라볼 것인지 육아서 같기도 했어요. 양을 그려 달라 할 때 상자를 그려 준 것, 저도 아이들도 맘껏 꿈꾸며 상상하며 살겠습니

다. 한 송이 꽃을 소중히 대하듯 우리 아이들 더 많이 사랑하며 살겠습니다. 기회 주신 선생님 감사드립니다.^^

- 강경옥(건희 어머니): 나를 기억하고 기다리는 사람은 누굴까? 어린 왕자 첫 장면에서 장미꽃을 정성 들여 심는 어린 왕자! 반면 장미꽃은 점점 요구만 많아지고 점점 힘들게 한다. 사실 어린 왕자는 어린이를 위한 동화이기보다 어른들의 동화 같다. 어린 왕자는 모든 고독을 달래주고 또한 시인이다. 유대감과 따뜻한 정, 바로 어린 왕자다. 우리들의 고향 또한 어린 시절이다.

《만복이네 떡집》으로 고민 떡 먹기

생각 나누기

《만복이네 떡집》을 읽을 때마다 간추리기를 해요. 그렇게 두 주 동안 책을 다 읽어요. 책을 다 읽었으니 역시나 생각을 물어요. 책을 읽을 때마다 학생들에게 무엇이 남는지 궁금해요. 온작품읽기로 책을 다 읽으면 잊지 않고 꼭 물어요. 독서토론을 하려고 그림책을 읽어 준 뒤에도 생각을 묻는 건 꼭 해요. 학생들은 책을 다 읽고서 든 생각을 붙임종이에 써 붙여요. 학생들 생각은 비슷하면서도 달라요.

- 만복이가 욕쟁이였는데 만복이네 떡집에 떡을 먹자 욕쟁이 만복이가 아니라 착한 만복이로 변해서 신기했다.

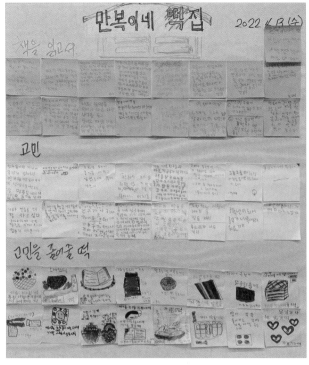

《만복이네 떡집》 읽고
고민 떡 먹기

- 나쁜 말만 하던 만복이가 떡을 먹고 착한 행동을 한다. 그래서 친구가 생길 것 같다.
- 만복이가 나쁜 말만 했는데 떡을 먹고 착한 사람이 되었다. 나도 떡을 여러 개 먹어서 친구들이 더 생기면 좋겠다.

고민 떡 먹기

《만복이네 떡집》으로 '고민'을 나누고 싶었어요. 학생들에게 고민이 무엇인지 생각해 보자고 했어요. 붙임종이에 고민을 쓸 때 이름은 안 써도 된다고 했어요.

학생들이 쓴 고민을 몇 개 읽어 봐요. 장난스러운 고민도 몇 개 보이지만 학생들이 요즘 겪는 어려움이니 눈에 띄어요.

① 친구들이랑 친한데 용기가 없어서 친구들이나 선생님한테 말을 잘 못해서 제 고민은 용기를 잘 내면 좋겠어요.

② 오빠가 중2병이 제대로 와서 집이 난리가 아니어서 고민이다.

③ 저는 다른 친구들과 다르게 공부가 뒤처지고 공부를 잘 못하는 것 같아요. 그리고 친구들과 잘 못 지내는 것 같아요. 친구들이 놀 때 저는 벤치에만 앉아 있어요. 친구들과 더 친하게 지내고 싶어요.

④ 엄마, 아빠 잔소리를 너무 많이 들어서 힘들다. 엄마, 아빠가 한 번 말하면 끝이 없어서이다.

⑤ 수학 학원 시험에서 100점 못 맞아서.

"고민을 풀 수 있는 떡을 만들어 보세요. 그런 다음 벽에 붙이고 먹을 거예요. 이 떡이 만복이처럼 효과가 있길 응원할게요."
위에 여섯 학생이 고민 해결 떡으로 만든 건 아래와 같아요.

① 용기가 나는 용기 떡	② 달콤한 말이 술술 나오는 꿀떡	③ 친구들과 잘 지내는 떡	④ 웃음꽃이 피는 스마일 떡	⑤ 100점 떡 시험 풀 때 답이 눈에 보이는 떡

1) 일기 대신 써 주는 일기 대신 떡

일기 대신 떡

보배는 일기 쓰기를 힘들어해요. 그럴 수 있어요. 우리 반은 일기를 날마다 쓰거든요. 날마다 쓰는 게 쉽지 않죠. 보배는 고민으로 '맨날 일기를 안 써 가서 고민이다.' 하고 썼어요. 이 고민을 해결할 떡으로 '일기를 대신 써 주는 일기 대신 떡'을 먹었네요. 보배에게 물어요.

"일기 쓰기가 어렵나요?"

"네."

"일기를 잠자기 전에 쓰지 말고 조금 일찍, 그러니까 저녁 먹기 전이나 저녁 먹고 써 보세요. 응원할게요."

그 뒤로 보배는 그전보다 훨씬 자주 썼어요. 물론 날마다 쓰지는 않더라도 그전과 견줄 수 없이 일기 쓰는 횟수가 늘었어요.

2) 밥이 쑥쑥 들어가는 쑥떡

서형이는 밥을 늘 남겨요. 우리는 급식실이 없어 교실에서 먹는데, 자기가 받고 싶은 양만큼 골고루 받는데도 늘 남겨요. '야무진 서형이도 저건 안 되나 보다.' 이렇게 생각했는데 서형이가 '3학년 돼서 급식을 다 먹고 싶었는데 많이 남겼다.'고 고민을 쓴 걸 보니 서형이도 스스로 알고 있구나 싶었어요. 약으로는 '밥이 쑥쑥 들어가는 쑥떡'을 먹었어요.

이날 급식을 받을 때 서형이에게 "오늘은 떡 먹었으니 도전인가요?"하고 물었어요. 서형이가 고개를 끄덕여요. 오늘은 비빔밥이라 큰솥에 밥을 비벼 나눠 줬어요. 다니면서 서형이를 보니 무생채는 어려운가 봐요. "그거 밥에 비벼서 먹거나, 비빔밥 먹고 먹어 보세요."하고 거들어요. 서형이는 밥 한 순가락에 무생채 한 가닥을 먹어요. 그렇게

밥이 쑥쑥 들어가는 쑥떡

해서 다 먹었어요. 올해 들어 처음이에요. "떡 먹으니 역시!"크게 소리 내며 손뼉을 맞대었어요.

더 놀라운 일은 그 뒤에 일어났어요. 서형이는 그 뒤로 한 해를 마칠 때까지 급식을 거의 남기지 않았어요. 우리 반에서 급식을 남김없이 잘 먹는 학생이 되었어요.

학부모 상담 주간에 서형이 어머니와 만났어요.

"우리 서형이가 요즘은 안 먹던 것을 먹으니 좋아요. 고맙습니다, 선생님."

"아이고 아닙니다, 어머니. 그건 서형이가 가진 힘입니다. 못 먹거나 안 먹던 걸 먹는 게 쉽지 않은데 스스로 고민을 말하고 떡을 만들어 먹은 힘이에요. 서형이 힘이죠."

서형이가 이 고민을 풀듯 삶을 산다면 안 될 일이 없을 것 같아요. 서형이처럼 영근 샘도 어려움이 생기면 떡을 만들어 먹어야겠어요.

3) 기타 떡볶이 떡

일우는 기타를 어려워했어요. 우리 반은 기타 동아리를 하며 목요일,

기타 떡볶이 떡을 먹고 연습하는 모습

금요일 아침에 연습해요. 8시 30분에 시작해 삼십 분 남짓 연습하는 것
으로 기타를 제대로 치는 건 어려워요. 3학년인 일우에게는 더 그래요.
일우가 '기타 연습을 더 잘하고 싶다. 아직도 칼립소를 이어서 치기가
힘들기 때문이다.' 하고 쓴 고민이 일우만의 고민이 아니죠. 그런데도
일우는 다른 학생들보다 어려움을 더 느끼나 봐요.

　우리 반 학생들은 주말에 기타 연습하고 그 영상을 찍어 학급소통방
에 올리는 게 과제예요. 하지 않아도 되는 과제인데 우리 반 학생들 가
운데 반 정도는 영상을 찍어 올려요. 이때 일우는 빼먹지 않고 주마다
올렸어요. 그러면서 실력이 늘어 2학기 공연에 섰어요. 다른 친구들보
다 잘 쳐 영근 샘과 합주를 하기도 했어요. 영근 샘과 합주한 날 일우
일기를 보니 그 실력이 그냥 나온 게 아니에요. '기타 떡볶이 떡'을 먹
기도 했지만 정말 열심히 연습한 덕분이에요.

2022년 11월 25일 금요일

날씨: 옷을 세 겹 입어도 추웠다.

제목: 아르페지오 고수

오늘 아르페지오를 쳤는데 예전보다 훨씬 늘었다. 눈물까지 흘리면서 연습한 보람이 있었다. 처음엔 엄청 더듬거리면서 쳤던 내가 이제는 영근 샘과 합주가 됐다. 심지어 내가 우리 반에서 가장 아르페지오를 잘 친다고 칭찬받았다. 아무리 어려워도 연습을 하면 안 되는 게 없다.

-3학년 강일우

어른들은 흔히 우리 학생들이 아직 어리다고 무엇이든 잘 모를 거라 생각해요. 그런데 《만복이네 떡집》을 읽고 나눈 고민과 해결 과정을 살펴보면 우리 학생들은 이미 다 알고 있어요. 자기에게 무엇이 모자라고 필요한지, 그리고 그걸 다듬기 위해 무슨 노력이 필요한지도 알아요. 그게 잘 안될 뿐, 아직 서툴 뿐이에요. 어른들은 학생들이 할 수 있도록 응원하고 도와야 하는데 자꾸 나무라죠. 어쩜 기다리지 못하는 어른들이 '믿고 기다리는 떡'을 먹어야 할 것 같아요.

아픔을 치료하는 떡

"영어 선생님이 안 아팠으면 좋겠습니다."

금요일 학급회의에서 갑자기 나온 의견이에요. 우리 반은 금요일 4교시에 학급회의를 해요. 학급회의는 학급학생자치회 대표가 이끌며 '좋아바' 학급회의로 해요. 한 주 동안 '좋았던 것', '아쉬운 것' 그리고 우리 학급이나 학교에 '바라는 것'을 드러내요. 이때 한 학생이 바라는 것으로 영어 선생님이 안 아팠으면 좋겠다고 말해요. 학급 대표에게 잠깐 양해를 구하고 물었어요.

"선생님이 아프신가요?"

"네. 화요일에 아프다고 했어요."

"아, 그래요? 그럼 우리는 어떻게 해야 할까요?"

- 선생님 말씀 끝나고 질문하기
- 말장난("아닌데요")하지 않기
- 딴짓하지 않기, 지우개 갖고 장난하지 않기
- 선생님이 말씀할 때 다른 사람이 말하지 않기
- 친구가 말 걸면 "다음에 말해 줘." 하고 말하기

학생들 이야기를 들으니, 이걸로 선생님께 힘을 드리면 좋겠다는 생각이 들어요. 말이 나온 김에 바로 하고 싶지만, 학급회의가 끝나길 기다려요. "자, 이것으로 참사랑땀 반 학급회의를 마치겠습니다." 학생 대표가 하는 말에 "와!" 하며 손뼉 치는 학생들이에요.

"《만복이네 떡집》 읽고 했던 거 생각나나요? 《만복이네 떡집》을 읽고 고민을 드러내고 그 고민을 풀어 줄 떡을 만들어 먹었어요. 그때를 떠올려 봐요. 오늘 영어 선생님이 아프다고 했는데 우리가 떡이나 약을 만들어 주면 좋겠어요. 여러분 생각은 어떤가요?"

학생들도 그러자고 해요. 우리는 마음을 담아 만들었어요. 영근 샘도 모든 먹을거리가 고기처럼 맛나고 소화 잘되는 떡을 하나 만들었어요. 영어 선생님은 고기를 좋아하거든요. 우리 학생들도 마음 가득

영어 선생님을 위한 약　　　　　　영근 샘을 위한 약

담아 만들었어요.

"학생 대표는 이걸 가져다드리고 오세요. 선생님께 말씀드려 주세요. 학급회의에서 선생님이 안 아팠으면 좋겠다고 의견이 나왔고, 그래서 이렇게 떡과 약을 만들었다고."

영어 선생님께 떡을 만들어 드리고 한 달 뒤에 영근 샘이 코로나에 걸렸어요. 한 주 동안 학교를 못 나가고 집에 있었어요. 집에서 몸을 추스르고 있는데 문자가 왔어요. 영어 선생님께서 우리 반에 수업을 들어와 학생들과 찍은 영상이에요. 노래 〈걱정 말아요 그대〉의 노랫말을 '영근 샘 아무 걱정하지 말아요'로 바꾸어 불러 줬어요.

'영근 샘, 아무 걱정하지 말아요. 우리 함께 건강합시다.
코로나 아픈 기억들 모두 버리고 영근 샘 아픔 깊이 묻어 버리고 지나간 것은 지나간 대로 그런 의미가 있죠.

영근 샘에게 노래하세요. (…)'

영상을 보는데 미안하면서도 행복해요. 고마운 마음이 커요. 그렇게 한 주를 보내고 학교에 가니 교실 벽에 편지가 가득해요. 가서 보니 '영근 쌤을 위한 약'이에요. 영어 선생님이 영상을 찍어 보내 준 날 이것도 만들었다고 해요. 다 나은 다음 학생들이 만들어 준 약을 먹었지만 이런 사랑이 있어 더 잘 나았다고 생각해요.

《몽실 언니》 책 읽고 글쓰기

《몽실 언니》 책 읽기

권정생 선생님은 5월에 돌아가셨어요. 5월쯤이면 권정생 선생님이 쓰신 《몽실 언니》를 읽는 게 좋아요. 한 달 남짓 읽을 책이라 6·25전쟁과 연결하기도 좋거든요. 온작품읽기로 날마다 조금씩 시간을 내 읽어요. 6학년 학생들과 읽으며 '두꺼운 책이라 학생들이 지겨워하면 어쩌지.' '오래전 이야기라 어려워하지는 않을까?' 하는 걱정을 하며 읽기 시작했어요.

첫날은 모두 23장 가운데 '1장 아버지를 버리고' '2장 다리 병신'까지 읽었어요. 책이 286쪽인데 37쪽을 읽었으니 이제 시작이에요. 비록 조금밖에 못 읽었지만 학생들 반응은 나쁘지 않아요. 모두가 정말 열심히 들어요. 숨죽이며 열심히 이야기를 듣는 건 책 읽기 전에 여러

날 동안 권정생 선생님 이야기를 들려준 까닭도 있겠지만, 그것보다는 책에 쏙 빨려 들었기 때문이라 생각해요.

책을 읽는 동안 학생들은 같이 아파해요. 소리 내어 읽는 나도 갈수록 마음이 아려요. 특히, 새아버지 집에 가서 잘 지내던 몽실이가 영득이가 태어나면서 찬밥 신세가 되는 장면부터 모두가 몽실이 처지가 돼요. 결국 다리까지 부러져 한쪽 다리가 반 뼘 정도 짧은 채 절룩거리니 마음이 아프다 못해 화도 나요. 친아버지가 찾아온 장면에서는 모두가 긴장하고 숨죽이며 들어요.

이렇게 2장까지 읽고 "옛날 이맘때에는 우리 할아버지, 할머니, 부모님들이 다들 힘드셨어요. 앞으로 우리 몽실이가 어떤 일을 겪을지 내일 또 듣기로 해요." 하는 제 말에, 학생들은 조금만 더 읽자고 해요. 몽실이가 아파한 마음이 그대로 전해졌기 때문이에요. 첫날 학생들이 이렇게 마음 아파할 정도로 관심을 보이니 다행이에요.

이 책은 국어 시간에 자주 읽었어요. 교과서로 공부하다가 자투리 시간을 내어 읽어요. 이렇게 날마다 십 분, 이십 분씩 읽은 것이 이제 어느덧 100쪽이 되었네요. 모두들 기다리는 시간이에요. "저 집에서 《몽실 언니》 읽었어요." 하며 관심도 보여요.

'사람은 누구나 사랑을 느꼈을 때만이 외로움도 느끼는 것이다. 그것이 친구이든 부모님이든 형제이든 낯모르는 사람이든, 사람끼리만이 통하는 따뜻한 정을 받았을 땐 더 큰 외로움을 갖게 되는 것이다.'

《몽실 언니》114쪽에 나오는 글이에요. 이 글을 읽고 나서 '우리 학생들도 부모님과 친구에게 사랑을 받아. 이렇게 사랑을 받다가 부모님 일이 어려워지거나 친구 관계로 힘들 때 외로움을 느끼지. 이런 외로움을 그대로 받아들이며 당당하게 살아가면 좋겠다. 몽실이처럼.' 하고 생각했어요.

5월 20일부터 읽기 시작해서 7월 1일에 끝이 났어요. 국어 시간을 주로 많이 활용했고, 다른 과목 수업 시간에서도 그날 배울 내용을 일찍 끝내면 책을 읽었어요. 물론 가끔은 학생들이 공부하기 힘겨워하거나 지겨워할 때 일부러 공부를 잠깐 미루고 시간을 내어 읽기도 했어요.

"오늘은 《몽실 언니》 읽는 게 끝날 것 같아요."

22장과 23장을 읽어요. 시간은 이십오 분 정도 걸렸어요. 몽실이가 영득이와 영순이를 만나러 가지만 둘은 이미 서울로 가 버렸고, 돌아와서는 난남이를 양녀로 보내요. 그리고 시간이 훌쩍 흘러 몽실이는 척추 장애를 가진 남편(책에서는 '허리가 곱추인 남편'으로 나온다)과 두 아이를 둔 어머니가 되었어요. 영순이가 보내온 편지를 보면, 영득이는 우체부를 하고, 영순이는 강원도에서 농사를 지어요. 딱한 처지는 난남이에요. 결핵을 앓아 병원에 입원했어요. 몽실이가 난남이와 만나고 돌아오는 장면으로 이야기는 끝이 나요. 가슴이 찢어질 듯 아프고, 눈에는 눈물이 고여요. 학생들도 다르지 않아요. 고개를 숙이고, 눈물을 훔치는 학생들이 보여요.

"우리 부모님들, 할아버지, 할머니 때는 모두 이렇게 힘들었어요. 만일 몽실이 아들딸이 자기 어머니가 다리를 절룩거린다고 부끄러워한다면 더 큰 아픔일 거예요. 저때는 이렇게 아픈 일이 많았던 것 같아요. 영근 샘 어머님도 그래요. 6·25전쟁 때 부모를 잃고 절에서 십 년을 사셨어요. 여러분 나이 때에 부모님을 잃고 절에 들어간다니 얼마나 큰 아픔이겠어요. 영근 샘 큰누나도 그렇고……. 큰누나는 초등학교만 마치고 고향 시골을 떠나 도시로 가 공장에서 일했어요. 동생들 공부시키고, 부모님에게 돈 보태드리려고요. 그때가 여러분보다 한 살 많은 열네 살이었어요. 그렇게 8년을 일만 하다가 죽었어요. 누나가 공장 가까이에서 혼자 살았는데 옆집에 사는 총각이 누나를 좋아했는데 누나가 안 받아 주니 죽였어요. 이런 아픔이 우리네 부모님들에게는 다 있어요."

"자, 《몽실 언니》를 마치며 여러분 생각을 글로 써 보세요."

보통 때 책을 읽어 주고 글을 쓸 때와는 사뭇 달라요. 보통 때는 제목과 글쓴이, 출판사를 쓰고서 느낌이나 하고 싶은 말을 한두 줄 쓰는 것이 고작인데, 이번에는 할 말이 있는지 다들 깊이 생각하며 써요. 그리고 자리에 앉았는데 눈에 눈물이 맺혀요. 흐르기 전에 눈물을 훔쳤어요.

《몽실 언니》 읽고 글쓰기

학생들과 글쓰기를 하다 보면 제 뜻과 달리 나올 때가 잦아요. 힘껏 지도해도 제대로 안 나올 때가 있어요. 어떤 때는 특별히 지도하지 않았는데도 그냥 감동일 때가 있어요. 여기에 소개하는 글이 그랬어요. 영근 샘에게는. 그래서 그 글을 맛보기로 보여요. 영근 샘과 같은 감동이었으면 하는 바람으로 보여드려요.

- 몽실이라는 여자애는 엄마가 둘이고 아버지가 둘 그리고 동생이 셋이었다. 몽실이는 부모님이 다 돌아가셨는데도 동생들만을 위해 돈을 벌었다. 나는 몽실이가 아픈 아버지와 함께 병원에서 기다리다가 아버지가 돌아가셔서 우는 장면이 제일 몽실이가 불쌍해 보였다. 나는 6·25전쟁으로 피해가 너무 크다는 생각을 하면서 다시는 이런 전쟁이 일어나지 않았으면 좋겠다는 생각을 했다. -6학년 김연호

- 몽실 언니는 오로지 가족을 위해 희생하는 참다운 사람이다. 6·25전쟁을 이겨 낸 사람이고 그러니 정말 대단하다. 권정생 선생님 글은 정말 최고인 것 같다. 가장 인상 깊었던 장면은 몽실이가 빵을 사다 빵을 뺏겼지만 빵 아저씨는 차갑게 위로만 해 준 그 모습에서 그때 상황을 알 수 있어서 큰 인상을 받았다. 그 참담한 전쟁에서 가족을 위해 자기 자신을 버렸다는 건 정말 대단하다. -6학년 박병규

- 몽실은 결혼을 하지 않는다고 했지만 기덕이와 기복이 어머니, 꼽추 남편의 아내가 되었다. 해피 엔딩으로 끝나진 않았지만 소설이라도 남 이야기 같지 않아서 이 책이 참 현실적인 소설이라고 생각했다. 몽실은 어릴 적에 어머니, 아버지가 돌아가셔서 고아가 되었다. 나도 가끔 그런 생각을 해 볼 때도 있다. 하지만 나는 몽실이처럼 어린 동생을 키울 자신감은 없다. 그래서 몽실이 참 훌륭한 삶을 살았다고 생각한다. -6학년 장예빈

- 몽실 언니는 참 슬픈 것 같다. 어머니에게 버림받고 그것도 두 번, 아

버지에게 버림받고 그것도 두 번, 김씨 아버지에게 밀쳐서 다리병신이
됐을 때 정말 슬펐다. 얼마나 견디기 힘들었을까. 동생만을 위해 일하
고……. 우리 선생님의 누나도 이 경우와 비슷하다 해서 놀랐다. 누나가
동생과 부모님에게 돈 보내 주려고 도시로 갔는데 죽임을 당했다고 했
다. 죽인 사람 말이 사귀자고 했는데 안 받아 줬다고 죽였다고 했다. 그
사람도 당해 봐야 할 텐데. -6학년 맹주범

• 우리 선생님께서 5월 며칠부터 몽실 언니를 읽어 주셨다. 몽실 언니의
삶은 참 고독했다. 하지만 이 이야기는 우리 부모님의 삶을 나타낸 것
이다. 그래서 더욱 슬픈 감정이 있었을 것이다. 나는 권정생 할아버지가
쓰신 몽실 언니가 참 대단하다는 생각이 든다. 몽실 언니는 새로운 김
씨 아빠한테 맞아서 다리가 절뚝거리고. 그러면서도 동생들을 잘 보살
펴 주고. 나 같으면 내가 다치면 동생들을 보살펴 주지도 않고 내 몸만
지켰을 텐데 몽실 언니는 자기가 다쳤는데도 동생들을 지켜 주고. 난
몽실 언니의 대단한 모습을 보고 내 자신이 참 부끄러웠다. 그리고 몽
실 언니는 부모님이 돌아가셨다. 몽실 언니의 진짜 엄마도 몸이 아파서
돌아가시고 북촌댁도 돌아가시고 진짜 아빠도 돌아가셨다. 몽실 언니
의 진짜 동생 영덕이와 영순이를 보러 갈려고 했는데 영덕이와 영순이
는 가짜 엄마와 가짜 아빠와 같이 서울로 올라갔다. 동생과 같이 못 사
는 우리 몽실 언니 정말 가엽다. 나는 부모님과 같이 행복하게 사는데
몽실 언니는 하루하루마다 슬프고, 힘들게 산다. 나는 몽실 언니가 왜
그렇게 살아야 하는지 모르겠다. 이 모든 사람들이 행복하고 즐겁게 살
았으면 좋겠다. -6학년 김주은

- 어릴 때 너무나 가난했던 몽실이, 난남이라는 동생도 직접 키워야 했던 몽실이, 무엇보다 고아가 되었던 몽실이의 아픔, 참 힘든 세월인 거 같다. 다리도 다치고, 새엄마인 북촌댁도 죽고, 진짜 어머니인 밀양댁도 죽고. 밀양댁의 마지막 얼굴도 못 보고. 내가 몽실이라면 모든 것을 포기하고 죽었을 거 같다. 하지만 몽실이는 끝까지 견뎌서 어른이 되어 결혼해서 애도 낳아 살고 참 끝까지 버틴 몽실이가 대단하고, 생각하면 생각할수록 슬퍼진다. -6학년 이누리

- 선생님께서 한 달하고 열흘 읽어 주신 책인데, 언제 들어도 재미있고, 감동 있는 내용이다. 김씨에게 밀려 떨어져서 절름발이가 되고, 그 발로 동생 난남이를 끝까지 살리려 하고, 밀양댁을 떠나고, 새어머니 북촌댁도 난남이 낳고 죽고, 나중에는 아버지와 밀양댁도 죽고 만다. 이렇게 힘들게 살아가는 몽실이가 나였다면 나날이 힘들고 괴로워서 항상 울었을 것이다. 하지만 용기 있고 자신보다 동생을 생각하는 몽실이가 대단한 것 같다. -6학년 박서영

- 내가 몽실이었다면 어머니가 죽고, 아버지도 죽고 혼자 남았을 때 동생이고 뭐고 울기만 하고 삶을 포기했을 거다. 게다가 다리까지 절뚝거리는 상황에 놓였다면 동생은 일단 살긴 해야 하니깐 고아원이나 입양을 보내고 나 혼자서 살 것 같다. 그러나 동생을 위해 모든 삶을 바친 몽실이가 참 대단한 것 같다. 비록 내가 직접 읽은 책은 아니지만 선생님이 마지막까지 읽어 주시고 나니 너무 마음이 찡하고 슬펐다. 어렸을 때부터 고난의 연속이었지만 이겨 내고 살아온 몽실이가 너무 안쓰럽고 대

단했다. -6학년 유재은

• 몽실은 전쟁이 일어나 하루하루를 힘들게 살고, 낳아 주신 엄마를 어쩔
수 없이 떠나서 아빠랑 새엄마랑 살았다. 새엄마가 난남이를 낳고 돌아
가시고, 혼자 난남이를 돌보며 힘들게 살았다. 나이도 어리고 다친 다리
를 이끌며. 그리고 몽실을 낳아 주신 엄마도 돌아가셨다. 아빠는 전쟁
에서 다쳐 병원으로 갔지만 자기 진찰 차례를 기다리다가 너무 늦었는
지 그 자리에서 목숨을 잃은 것이다. 몽실이는 난남이와 둘이 남았다.
난 몽실이가 좋다. 다리를 다치고 엄마도 돌아가시고 아빠도 힘들게 지
내다가 돌아가셨는데 힘든 내색을 별로 하지 않은 것 같고 대견하게 잘
살고 왠지 포기하지 않고 사는 것 같은 몽실이가 난 좋다. 좋은 책, 좋
은 내용이다. -6학년 김나연

• 몽실 언니는 정말 불쌍한 인생을 살았다. 또 영근 샘 큰누나도. 예전에
는 다 이런 슬픈 일이 있다니. 정말 우리 때하고 너무 비교된다. 그리고
마지막은 모두가 행복해지면 좋겠다. 제일 슬펐을 때는 난남이가 태어
나고 북촌댁이 죽었을 때, 밀양댁이 몽실 언니를 못 보고 죽었는데 몽
실이 못 갔던 게 슬펐다. 사람들은 인생이 행복 반, 슬픔 반이라는데. 몽
실이는 다 슬프다. 행복도 잠시. 더 슬퍼진다. 처음에는 그냥 들었는데,
갈수록 더 불쌍한 마음이 들었다. -6학년 나용수

• 몽실이가 두 명의 엄마를 잃고 두 명의 아빠를 잃고 한쪽 다리를 잃었
다. 그러면서도 어떻게든 난남이, 영순이, 영덕이, 어쩌면 아버지까지

씻기고 먹이고 입히려고 내 몸을 아끼지 않는 것을 보면서 '가족을 위해 그렇게 헌신하는구나.' 하고 생각했다. 그래도 나중에는 소중한 가정을 꾸렸으니 참 다행이다. -6학년 문서영

6장

독서토론

독서토론이란?

독서토론이란, 독서와 토론이 함께 하는 말이에요. 독서는 책 읽기예요. 토론은 찬성과 반대가 자기주장을 펴는 형식이에요. 그러니 독서토론은 책을 읽고 그것으로 찬반 토론을 하는 거예요.

독서토론을 할 때, 토론 주제는 크게 두 종류로 찾을 수 있어요. 읽은 책에서 토론 주제(논제)를 바로 찾아서 할 수 있어요.《마당을 나온 암탉》(황선미 글, 김환영 그림, 사계절)에서 '초록머리는 잎싹을 두고 가야 하나?'로 토론할 수 있어요. 또 책을 읽고서 책에서 다루는 내용과 관련한 토론 주제를 따로 만들 수 있어요.《부리 동물 출입 금지》(소피 레스코, 천개의바람)을 읽고, '노 키즈 존은 있어야 한다.'를 논제로 가져와 토론할 수 있어요.

독서토론은 책 읽고 토론까지 하려니 시간이 필요해요. 그래서 읽는 데 시간이 얼마 안 걸리는 그림책이 독서토론하기 좋아요. 온작품 읽기로 줄글 책을 읽는다면, 책을 읽다가 쟁점이 생길 때 그 자리에서 독서토론을 할 수도 있어요. 아니면 다 읽고 논제를 찾아 토론할 수도 있어요.

독서토론 절차

독서토론을 하려고 해요. 앞서 살폈듯 독서와 토론을 모두 알아야 해요. 사람마다 다를 수 있지만 많은 이가 독서보다는 토론을 어려워 해요. 교실에서 독서토론을 하기 위해 꼭 알면 좋을 토론 내용을 그림 책《에드와르도》로 소개해요. 토론을 조금 더 자세하게 알고 싶다면, '초등토론교육연구회' 온라인 카페나《토론이 좋아요》(김정순, 이영근, 에듀니티) 책을 참고하세요.

※ 독서토론 절차

① 책 읽기

② 생각 나누기

③ 논제 정하기

④ 논제 분석

⑤ 토론 준비하기

⑥ 토론하기

책 읽기

독서토론을 하려면 책을 읽어야 하고 그 내용을 알아야 해요. 보통 때 편하게 읽을 때보다 더 마음을 모아 읽는 게 좋아요. 예를 들어 《에드와르도》는 그림책이라 읽는 데 시간이 오래 걸리지 않아요. 책 내용도 여러 작은 사건이 잇달아 벌어져 흥미롭기도 해요. 그림책이라고 해서 저학년만 보는 책이라는 생각은 갖지 않을 거예요. 책을 읽고 어느 수준까지 생각하고 이야기 나눌지가 다를 뿐이에요. 영근 샘이 소리 내어 책을 읽어 줘요.

생각 나누기

누구든 책을 보면 여러 생각이 떠올라요. 책을 읽어 주며 서로 생각을 나누면 좋겠다는 내용이 나올 때마다 이야기해도 좋고, 책을 다 읽고 난 다음 이야기해도 좋아요. 《에드와르도》는 책을 다 읽고 든 생각을 붙임종이에 쓴 다음 이야기했어요.

주인공 에드와르도는 청소를 안 한다고, 안 씻는다고, 발로 찬다고, 동물을 괴롭힌다고 혼나요. 그러다 세상에서 가장 못된 아이가 되었어요. 학생들에게 이런 비슷한 고민이 있는지 물었어요. 또 에드와르도는 잘못된 행동이라고 혼났던 행동을 똑같이 했는데, 이번에는 칭찬을 받아요. 칭찬을 받으니 세상에서 가장 착한 아이가 돼요. 학생들에게 받고 싶은 칭찬을 물었어요. 이렇게 책을 읽고 생각을 나눠요.

이렇게 생각을 나누다 보면 토론거리(논제)가 보이기도 해요.

논제 정하기

독서토론을 하려면 토론에 필요한 논제를 정해야 해요. 토론은 찬성과 반대가 펴는 주장이라 논제는 찬반으로 나눌 수 있어야 해요. 그래서 논제를 정할 때는 서술문 '이다, 필요하다, 해야 한다'로 써요. 의문문 논제라면 대답이 '네, 아니요' 같이 찬반으로 답할 수 있는 물음이어야 해요.

책을 읽고 논제가 바로 보인다면 좋겠지만 그렇지 않을 때가 있어요. 이럴 때는 학생들에게 물어 논제를 찾기도 해요. "이 책으로 토론하려 해요. 토론 주제를 무엇으로 하면 좋을까요?" 하고 물으니, 한 학생이 이렇게 말을 해요.

"나쁜 아이는 착한 어른이 될 수 있는가?"

영근 샘과 학생들 모두 '좋다.'는 소리가 절로 나와요. 이렇게 해서 우리는 논제를 '나쁜 아이는 착한 어른이 될 수 있다.'로 정했어요.

논제 분석하기

"이 논제로 토론 준비해 오세요."

토론할 때 선생님들이 학생들에게 많이 하는 말이에요. 학생은 스스로 토론을 준비해 보지만 쉽지 않아요. 찬성과 반대에 알맞은 근거가 떠오르지 않아요. 그러다가 인터넷에서 다른 사람이 쓴 글을 찾아요. 이렇게 준비해서 하는 토론은 제대로 될 리 없어요.

논제 분석은 이런 학생들을 위해 거치는 과정이에요. 크게 두 가지, ① 논제에 나오는 개념 정의, ② 찬성과 반대의 근거를 학생들과 이야기 나눠요. 논제에 나오는 개념,《에드와르도》에서는 '나쁜 아이'와 '착한 어른'이겠죠. 이 개념을 이야기 나누며 그 예까지 들어요. 이 과정을 거치며 논제를 더 자세하게 알고 토론할 범위를 정해요.

개념 정의를 하고 나면 찬성과 반대의 근거를 말해요. 혼자서라면 찾기 어려운 근거를 학생들이 말해요. 학생들은 보통 다섯에서 여덟 개까지도 근거를 드러내요.

논제 분석은 말로만 하지 않고 글로 쓰며 해요. 처음에는 칠판에 직접 썼는데 지우면 사라져버리기에 요즘은 큰 붙임종이에 써요. 논제 분석한 종이를 교실에 붙여 주면 학생들이 언제든 참고할 수 있으니까요.

※《에드와르도》로 논제 분석하기

1. '나쁜 아이는 착한 어른이 될 수 있다.' 개념 정의

　가) 나쁜 아이는 어떤 아이인가요?

　나) 착한 어른은 어떤 어른인가요?

2. 예상할 수 있는 찬성과 반대의 근거

　가) 찬성 근거

　나) 반대 근거

토론 준비하기(주장하는 글, 입안문 쓰기)

"논제 분석한 걸 보면서 찬성에서 근거 세 개, 반대에서 근거 세 개를 고르세요."

이 말로 토론 준비는 어렵지 않아요. 혼자서 토론 준비할 때는 막막하던 과정이 학생들과 함께 논제 분석한 걸로 하니 아주 쉬워요. 대여섯 개 나온 근거에서 저마다 자기 마음에 드는 근거를 세 개씩 고르면 되니까요. 고른 근거에 알맞은 예나 설명을 덧붙이면 토론 준비가 끝나요. 이렇게 쓴 글을 토론에서는 '입안문', 또는 '주장하는 글'이라고 해요.

이때 학생들은 찬성과 반대의 입안문을 모두 쓰는 게 좋아요. 어느 한쪽만 쓰기보다 둘 다 쓸 때 생각이 훨씬 더 넓어지고 부드러워져요. 가끔 논제 분석에 나오지 않은 근거로 써도 되냐는 학생도 있어요. 아름다운 모습이에요.

토론하기

토론할 준비가 되었어요. 입안문을 마련했거든요. 토론 과정은 복잡하지 않아요. '주장'과 '질문'만 있어도 토론으로 충분한 효과를 봐요. 찬성이 먼저 주장한 뒤에 반대가 질문해요. 반대가 주장하면 찬성이 질문해요. 찬성과 반대가 모두 주장하고 나면 서로 질문할 수도 있어요. 둘이 만나 토론한다고 이를 '짝 토론'이라고 해요. 이 형식을 표로 정리하면 다음과 같아요.

찬성	반대
주장(1분)	
	질문(2분)
	주장(1분)
질문(2분)	

교차조사 토론 방법

찬성	반대
주장(1분)	
	주장(1분)
서로 질문(2분)	

교차질의 토론 방법

위와 같은 짝 토론이면 5분 남짓으로 한 판이 끝나요. 토론한 뒤 승패를 따지지 않아요. 열심히 토론한 다음 서로 손을 마주치며 응원해요. 서로 상대가 잘한 것을 칭찬하며 토론을 마쳐요.

토론 한 판을 마쳤으면 이제는 찬반을 바꿔서 토론해요. 찬성과 반대를 모두 경험하는 거죠. 토론을 함께 할 짝은 앞서 했던 사람일 수도 있고 다른 사람일 수도 있는데, 다른 사람일 때 조금 더 재미나요.

짝 토론하기

짝 토론에 이어 학급 전체가 토론할 수도 있어요. 이를 '학급 전체 토론'이라 해요. 학급을 임의로 반으로 나눠요. 찬성과 반대를 모두 할 것이니 괜찮아요. 단지 주장과 질문으로 서로 실력을 견줘 보는 놀이와 같아요.

독서토론 사례

　최근 몇 해 동안 참사랑땀 반에서 토론한 책과 논제들이에요. 이 가운데 몇 권을 조금 더 자세하게 소개해요. 교실에서 독서토론할 때 참고하세요.

※ 독서토론 책과 논제

- 《걱정 상자》(조미자, 봄개울)

　친구에게 불만이 있다면 말해야 한다.

- 《나는 강물처럼 말해요》(조던 스콧 글, 시드니 스미스 그림, 책읽는곰)

　발표는 모두가 해야 한다.

- 《돌 씹어 먹는 아이》(송미경, 문학동네)

　비밀은 식구에게 말해야 한다.

- 《리디아의 정원》(사라 스튜어트 글, 데이비드 스몰 그림, 시공주니어)

　사랑은 표현해야 한다.

- 《마당을 나온 암탉》(황선미 글, 김환영 그림, 사계절)

　초록머리는 잎싹을 두고 가야 하나?

- 《만복이네 떡집》(김리리 글, 이승현 그림, 비룡소)

  마음을 읽을 수 있는 떡을 먹을 것인가?

- 《부리 동물 출입 금지》(소피 레스코, 천개의바람)

  노 키즈 존은 있어야 한다.

- 《빨간 머리 앤》(루시 모드 몽고메리, 인디고)

  앤은 린드 부인에게 사과해야 한다.

- 《살아 있다는 건》(다니카와 슌타로 글, 오카모토 요시로 그림, 비룡소)

  교실에서 달팽이를 키워야 하나?

- 《상자 세상》(윤여림 글, 이명하 그림, 천개의바람)

  택배와 마트 중 어디에서 살 것인가?

- 《샬롯의 거미줄》(엘윈 브룩스 화이트 글, 가스 윌리엄즈 그림, 시공주니어)

  친구를 위해 내가 하고 싶은 것을 양보해야 한다.

- 《솔이의 추석 이야기》(이억배, 길벗어린이)

  솔이네는 할머니 집에 가야 한다.

- 《슈퍼 거북》(유설화, 책읽는곰)

  슈퍼 거북이 될 것인가?

- 《심심해서 그랬어》(윤구병 글, 이태수 그림, 보리)

  돌이가 우리 문을 열어 동물을 풀어 준 것은 돌이 잘못(부모님 잘못)이다.

- 《어린 왕자》(앙투안 드 생텍쥐페리, 열린책들)

  어른이 아이보다 행복하다.

- 《에드와르도》(존 버닝햄, 비룡소)

  나쁜 아이도 착한 어른이 될 수 있다.

- 《우리 엄마》(앤서니 브라운, 웅진주니어)

꿈을 선택할 것인가? 엄마를 선택할 것인가?

- 《이까짓 거!》(박현주, 이야기꽃)

  준호는 나쁘다(착하다).

- 《장갑보다 따뜻하네》(이모토 요코, 북극곰)

  학교 안 학생, 선생님 모두와 손잡을 수 있다.

- 《청개구리》(이금옥 글, 박민의 그림, 보리)

  청개구리 잘못은 엄마가 사과해야 한다.

- 《프레드릭》(레오 리오니, 시공주니어)

  프레드릭도 다른 쥐들이 하는 일을 해야 한다.

《걱정 상자》 읽고 토론하기

《걱정 상자》 그림책을 읽어 줬어요. 우리 반은 수요일마다 토론하는데 학생들 삶으로 토론하거나 책을 읽고 독서토론을 해요. 독서토론은 주로 그림책으로 하거나, 앞에서 살폈듯 온작품읽기로 토론하기도 해요.

그림책으로 토론할 때는 비슷한 과정을 거쳐요. 영근 샘이 그림책을 읽어 줘요. 책을 읽고 칠판에 전지 붙임종이를 붙이고는 학생들에게 두세 가지 생각을 물어요. 물음마다 학생들은 작은 붙임종이에 생각을 써 붙여요. 학생들은 다른 친구들이 쓴 글을 읽어 보길 좋아해요. 이렇게 다른 친구들 생각을 살피는 것도 공부와 친구 관계에 큰 도움이에요.

생각 나누기

"여러분은 어떤 걱정이 있나요?"

책 읽기에 앞서 학생들에게 걱정거리가 있는지 물었어요. 학생들은 자기 걱정을 붙임종이에 써 붙여요. 이때 학생들 이름은 쓰지 않아요. 어떤 걱정이 있는지 살펴요.

《걱정 상자》 읽고 토론 준비하기

• 수학 시험, 코로나, 일기 글감, 부모님 건강, 통기타 실력, 잦은 코피, 지각, 누나 감기, 학원 친구와 친해지는 것, 핸드폰이 없어 어려운 소통, 멈출 수 없는 게임

책을 읽어요. 걱정이 많은 도마뱀 '주주'가 요즘 잘 웃지 않아요. 호랑이 '호'는 주주 마음이 편해지는 방법을 함께 찾아 나가요. 산더미 같은 걱정이지만 날려 버리니 작아져요. 꾸미면 다르게 보여요. 책은 계속 읽어요. 딴생각을 하면 걱정이 떠오르지 않아요. '괜찮아, 잘될 거야, 사랑해, 나도 그래, 할 수 있어, 끝.' 같은 말 한마디로 없어지기도 해요. 그 말을 하나하나 다 같이 큰 소리 내어 말해요. 그때 '작아지지도, 달라지지도, 사라지지도 않는 걱정'이 있어요.

"여러분, 작아지지도, 달라지지도, 사라지지도 않는 걱정은 어떻게 해야 할까요?"

학생들 생각이 깊어져요. 붙임종이에 자기만의 방법을 떠올려요.

"여러분, 작아지지도, 달라지지도, 사라지지도 않는 걱정은 여러분이 쓴 방법으로 풀어내세요."

- 가만히 둔다, 무시한다, 걱정을 써 찢는다, 불태워 버린다, 신경 쓰지 않
  는다, 다른(딴) 생각을 한다, 날려 버린다, 아프면 간호해 준다.

책을 다 읽었어요. 책 읽고 든 생각을 쓰며 마쳐요.

- 나도 다음부터 걱정거리를 상자에 넣고 뭉개 버리기도 하고 마술도 부
  려 보고 쌓아서 발로 차 버릴 거다.
- 저도 걱정을 종이에 적어서 상자에 넣을 거예요. 그런 다음 상자를 찌
  그라트리고 싶어요.
- 걱정을 하면 다른 사람이 걱정을 들어줄지도 모른다.

토론하기

1) 논제 정하기

학생들과 걱정으로 많은 이야기를 나눴어요. 이제 학생들과 토론하
기 위해 논제를 찾아요.

"여러분, 무엇으로 토론하면 좋을까요?"

가끔 학생들에게 토론하고 싶은 논제가 있는지 물어요. 학생들이
하고 싶은 주제로 토론할 때 학생들은 더 흥미로워해요. 학생들이 의
견을 내지 못할 때는 영근 샘이 생각하던 것을 제안하고 논제로 삼아
요. 이번에는 "친구에게 걱정거리를 말해야 하나?" 하고 학생이 말한
것을 다듬어 논제로 삼아요.

논제: 친구에게 불만이 있다면 말해야 한다.

2) 논제 분석과 입안문 쓰기

논제를 정했으니 학생들과 이야기 나눠요. 학생들과 함께 논제를 살펴요. 학생들과 논제에 나오는 낱말의 뜻을 이야기하고 범위를 정해요. '친구'의 범위는 우리 반으로 했어요. '불만'은 '때리거나 놀리는 것, 욕하거나 차별하는 것' 따위로 했어요. 예상할 수 있는 찬성과 반대의 근거를 다섯 개씩 찾았어요.

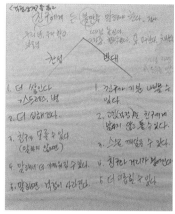

《걱정 상자》로 논제 분석하기

1. 개념 정의

　가) 친구: 우리 반, 우리 학교, 부모님도 포함한다.

　나) 불만: 때린다, 놀린다, 짜증 낸다, 협박한다, 욕한다, 차별한다.

2. 예상할 수 있는 찬성과 반대의 근거

　(1) 찬성 근거

　① 말하지 않으면 더 쌓인다.(스트레스, 병)

　② 말하지 않으면 더 심해진다.

　③ 말하지 않으면 친구가 모를 수 있다.

　④ 말해서 더 가까워질 수 있다.

　⑤ 말하면 걱정이 사라진다.

(2) 반대 근거

① 친구가 기분 나쁠 수 있다.

② 친구에게 말하지 않고 풀 수 있다.(선생님이나 부모님께 말해 도움을 받는다)

③ 스스로 깨달을 수 있다.

④ 친구와 거리가 멀어진다.

⑤ 친구가 더 괴롭힐 수 있다.

학생들과 논제 분석으로 나온 찬성과 반대 근거에서 세 개씩 골라요. 토론할 공책에 근거를 먼저 쓰고 그 까닭(예를 들어 설명하기)을 덧붙여요. 찬성과 반대를 모두 써요.

3) 토론하기

입안문을 다 쓴 학생들은 친구와 만나 토론해요. 친한 친구와 만나 '토론하며 논다'는 게 더 알맞은 표현이에요. 모든 학생들이 입안문을 다 쓰면, 다 같이 토론해요. 짝 토론도 하고 전체 토론도 해요. 찬성과 반대를 모두 경험해요.

《살아 있다는 건》 읽고 토론하기

교실로 온 달팽이

"영근 샘, 이 달팽이 교실에서 키워도 돼요?"

"우선 교실 뒤에 둘래요?"

소민이가 학교 오는 길에 달팽이가 찻길에 있었다며 차에 치일까 봐 가져왔어요. 텃밭에서 상추잎도 따 왔어요. 상추를 달팽이 옆에 둬 요. 어떻게 해야 할까요?

마침 토론하는 수요일이에요. 오늘은 독서토론 할 책으로《살아 있다는 건》을 준비했어요. 이 책은 시를 그림으로 옮긴 그림책이에요. 전담 수업으로 학생들이 교실을 비운 사이에 책 뒤에 있는 시를 칠판에 직접 쓰면서 수업을 상상하고 설계했어요.

책 읽고 토론하기

1) 책 읽기

학생들과 책을 읽어요. 이 책은 살아 있다는 건 무엇인지 이야기를 풀어 가요. 살아 있다는 건, '나뭇잎 사이로 쏟아지는 햇빛이 눈부시다는 것' '너와 손을 잡는 것' '웃을 수 있는 것' '새가 날갯짓한다는 것' '사람을 사랑한다는 것' 같이 아름다워요. 우리 학생들은 어떤 걸 살아 있다는 것으로 느낄까요?

살아 있다는 건,

지금 즐겁게 수업하고 있다는 거지.(은비)

지금 연필을 들고 있다는 거지.(현서)

지금 누군가 생일이라는 거지.(온유)

지금 친구와 같이 있다는 거지.(정아)

지금 숨 쉬고 있다는 거지.(보경)

지금 새가 날갯짓을 하는 거지.(소민)

지금 놀이터에서 술래잡기 하는 거지.(희상)

지금 기타 치고 있는 거지.(혜원)

지금 그네 타는 거지.(휘)

지금 《오즈의 마법사》를 읽는 거지.(지후)

지금 학원에 가고 있는 거지.(은율)

지금 농구 하며 노는 거지.(시우)

지금 돌 위에서 명상하고 있는 거지.(치우)

지금 느낌을 느낄 수 있는 거지.(진모)

지금 놀이터에서 뛰고 있는 거지.(승원)

지금 얼음땡 하며 노는 거지.(예빈)

2) 토론하기

책을 다 읽고 학생들과 정한 논제가 '교실에서 달팽이를 키워도 될

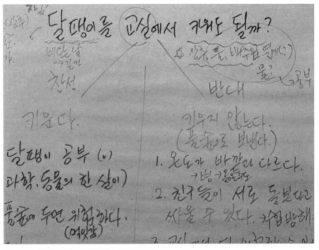

'달팽이를 교실에서 키워도 될까'로 논제 분석하기

까?'예요. 책 속에 살아 있다는 건 '달팽이는 기어간다는 것'이라는 내용이 있거든요. 달팽이가 책 속에 있는 것만으로도 논제로 삼을 수 있어요. 때마침 아침에 달팽이가 교실로 와서 학생들도 의견이 많았거든요. 토론을 위해 그 뜻을 살피고 근거도 이야기 나눠요. 글로도 써요. 찬성과 반대 글을 다 쓴 학생은 친구와 자유롭게 토론해요. 이때 달팽이를 가져온 소민이가 달팽이 집 앞에서 토론해요. 토론하며 틈틈이 달팽이를 살펴요. 그러다가 다시 서로 마주 보며 토론해요.

자연으로 돌아간 달팽이

점심 먹고 집에 가려던 소민이가 "영근 샘, 달팽이한테 물 줘야 할 것 같아요." 하며 물을 뿌리고 가요. 다음 날 아침에 소민이가 "달팽이 어떻게 할 거예요?" 하고 물어요. 아마도 어제 집에서 교실에 있는 달팽이가 걱정이었나 봐요. "어떻게 할까요?" 하고 물으니 "산에 놓아줘요." 해요. 학교 뒤가 산이거든요. 그렇게 소민이와 친구들은 달팽이를 학교 뒷산 풀숲에 놓아주고 왔어요.

《슈퍼 거북》 읽고 토론하기

학생들이 아주 재미나게 들어요. "읽어 본 사람?" 하고 물었을 때는 다들 손들었으면서도, 영근 샘이 읽어 주면 잘 들어요. 이런 게 책을 들려주는 즐거움이에요. 모르는 책은 궁금해서, 아는 책은 내용을 알면서 들으니까 더 재미있다고 해요. 책을 읽고 나면 학생들은 생각을 써요. 학생들이 쓴 글을 읽으니 저에게 하는 말 같아요. '느릿느릿'과 힘을 빼야 해요. 학생들 글에서 제 삶을 돌아봐요.

- 나는 느릿느릿 여유 있게 움직이는 거북이가 좋아. 나도 여유 있게 움직이고 싶거든.
- 빠르지 않아도 된다고 알게 된다.
- 누구든 노력하면 무엇이든 할 수 있지만 무리하면 내 자신을 망칠 수도 있다.(잠 안 자고 매일 쉬지 않고 하다 보면)

학생들이 만든 논제

"여러분, 토론할 주제가 있을까요?"

많은 학생들이 손을 들어요. 영근 샘은 논제가 떠오르지 않았는데 선생보다 더 나은 학생들이에요. '초등학생도 주마다 토론하면 이렇게 논제도 겁 없이(쉽게) 생각하는구나.' 떠오르는 생각을 접어 두고 손든 학생들이 말하는 논제를 귀담아 들어 봐요.

- 힘들어도 노력해야 한다. 힘들면 노력하지 않아야 한다.
- 빨리 해야 한다. 천천히 해도 된다.(숙제, 공부, 밥, 심부름)
- 지각할 때 빨리 가야 한다.
- 달리기(피구) 시합에서 이겨야 한다. 져도 된다.
- 슈퍼 거북이 될 수 있다면 될 것인가?
- 졌다고 실망하지 않아야 한다.
- 연습하다가 쉬어야 한다.

- 달리기 연습해야 한다.

토론하려면 찬성과 반대로 주장을 펼 수 있어야 해요. 달리 말하면 찬성과 반대가 맞서는 쟁점거리가 있어야 해요. 학생들이 말한 여덟 개에서 쟁점이 드러나는 것으로 넷을 골랐어요.

① 힘들어도 노력해야 한다. 힘들면 노력하지 않아야 한다.
② 빨리 해야 한다. 천천히 해도 된다.(숙제, 공부, 밥, 심부름)
③ 달리기(피구) 시합에서 이겨야 한다. 져도 된다.
④ 슈퍼 거북이 될 수 있다면 될 것인가?

논제를 둘씩 견주어 토론할 논제를 정하는 것을 '피라미드 토론'이 라고도 해요. 자세히 이야기해 볼게요. 논제를 둘씩 견줘 학생들에게 마음에 드는 것에 손을 들게 해요. 그 가운데 학생들이 많이 손드는 것으로 논제를 정해요.

우리 반은 '신호등'이라는 다른 도구를 써요. 필통에 들어 있는 필기 구에다 빨강, 파랑, 노랑 붙임종이를 붙여 만든 신호등 도구예요. 두 개의 논제에서 하나는 빨강으로, 다른 하나는 파랑으로 정해요. 만일 둘 다 괜찮으면 노랑을 들어요.

첫 번째에는 ①, ②번을 견주어 보니 ① 힘들어도 노력해야 한다가 더 많아요. 두 번째에는 ③, ④ 가운데 ④ 슈퍼 거북이 될 수 있다면 될 것인가가 많아요. 결승에서는 ①, ④ 가운데 슈퍼 거북이 될 수 있 다면 될 것인가를 학생들이 더 많이 골라 이것을 논제로 하기로 해요.

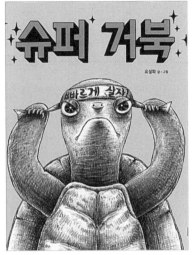

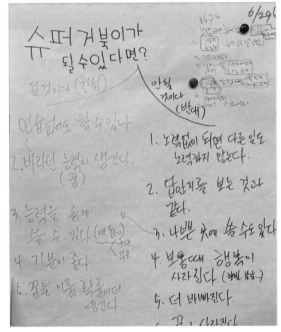

《슈퍼 거북》으로
논제 분석하고 토론하기

토론하기

칠판에 붙인 전지 붙임종이에 논제를 써요. 이 논제를 말한 학생에게 직접 쓰도록 했어요. 배시시 웃으며 앞으로 나와 매직펜을 손에 꼭 쥐어요. 의자를 가져와 그 위에 올라가서 논제를 크게 써요. 논제 분석으로 찬성과 반대 근거를 살펴요.

학생들은 논제 분석을 보고 입안문을 써요. 이제 토론할 차례예요. 우리 반 학생들은 짝 토론을 좋아해요. 모두 준비되면 책상을 돌려 마주 보고 앉아요. 짝과 인사하고는 가위바위보로 찬성과 반대를 정해요. 이때 찬성이든 반대든 괜찮아요. 토론 준비로 찬성과 반대를 모두 준비했고, 두 번을 토론하며 찬성과 반대를 모두 다 할 것이니까요.

첫 번째는 '교차조사(한 방향 질문)' 토론이에요. 찬성이 주장하고 반대가 질문 또는 반박해요. 그다음 반대가 주장하고 찬성이 질문 또는 반박해요. 6분 정도 걸리는 토론이에요. 토론을 마치고는 먼저 자기

찬성	① 연습 없어도 할 수 있다. ② 바라던 능력(꿈)이 생긴다. ③ 능력을 좋은 곳에 쓸 수 있다. ④ 기분이 좋다. ⑤ 꿈을 이룰 확률이 더 생긴다.
반대	① 노력 없이 되면 다른 일도 노력하지 않는다. ② 답안지를 보는 것과 같다. ③ 나쁜 곳에 쓸 수도 있다. ④ 보통 때 행복이 사라진다. ⑤ 더 바빠진다. ⑥ 꿈이 사라진다.

자신을 토닥이며 칭찬해요. 그다음 상대에게 손뼉 치며 나와 토론해 줘서 고마운 마음을 드러내요. 찬성은 반대가 잘한 것을 칭찬하고, 반대는 찬성이 잘한 것을 칭찬하며 마쳐요.

두 번째 토론을 하려고 자리를 옮겨요. 찬성했던 학생들이 일어나 한 칸씩 자리를 옮겨요. 이렇게 한 칸씩 옮겨 새로운 짝을 만나는 토론을 '회전목마 토론'이라고 해요. 새로 만난 짝과 인사해요. 이번에는 찬성과 반대를 바꿔서 토론해요. 토론 형식은 첫 번째와 달리 '교차질의(서로 질문)' 토론이에요. 찬성이 주장하고 이어서 반대가 주장해요. 서로 묻고 답해요. 마치면 토닥이고, 손뼉 치고, 칭찬해요. "짝이 잘한 것을 친구들에게도 말해 줄래요?" 하고 말하면, 학생들 여럿이 손을 들며 짝이 토론에서 잘한 것을 칭찬해요. 이렇게 토론을 마쳐요.

〈축구공을 지켜라〉 읽고 토론하기

고민과 그 해결 방법

동화집 《꼴뚜기》(진형민, 조미자, 창비) 책에 있는 이야기 가운데 하나인 〈축구공을 지켜라〉로 한 독서토론이에요. 주인공 길이찬은 학교에 새 축구공을 가져갔다가 6학년 '쌈짱' 노범재 패거리에게 공을 빌려주게 돼요. 그리고 내일 또 가져오라는 말을 들어요. 어떻게 하면 노범재 패거리에게 공을 빌려주지 않을 수 있을지 친구들에게 물어봐요. 이찬이의 고민에 친구들 다섯 명은 저마다 해결 방법을 말해요.

- 박용주: 시키는 대로 한다.
- 김소정: 따진다.
- 오천재: 선생님에게 말한다.
- 홍지영: 다른 쌈짱 도움을 받는다.
- 장백희: 그냥 몇 달만 참는다.

가치수직선으로 판단하기

다섯 친구가 말한 해결 방법은 다 달라요. 학생들이 길이찬이라면 어떤 방법으로 고민을 해결할지 생각해요. 먼저 다섯 학생이 말한 해결 방법이 좋은 방법인지, 아닌지 하나하나 따져 봐요.

"여러분은 다섯 친구의 대답을 어떻게 생각하나요? 가치수직선에 나타내 볼게요. 오른쪽은 좋은 방법이고, 왼쪽은 좋지 않은 방법이에요. 좋은 방법도 그 정도를 나눠요. 5는 매우 좋은 방법이고 숫자가 작아지면 좋은 방법은 그 정도가 줄어들어요. 1은 아주 조금 좋은 방법입니다. 좋지 않은 방법도 −5가 아주 안 좋은 방법이고 −1은 조금 안 좋은 방법이에요. 0은 잘 모르겠다, 중립이죠."

영근 샘은 붙임종이를 준비해요. 해결 방법이 다섯이니 다섯 빛깔로 준비해요. 박용주는 노랑, 김소정은 파랑같이 빛깔마다 해결 방법을 말한 학생 이름을 알려 줘요. 먼저 노랑 빛깔인 박용주가 내세운 해결 방법을 따져 봐요.

"붙임종이 위에 숫자를 쓰세요. 숫자 아래에 그렇게 생각하는 까닭을 써요. 마지막에는 맨 아래에 자기 이름을 쓰세요."

자기 판단을 붙임종이에 다 쓴 학생들은 종이를 교실 앞으로 가져

① 붙임종이 준비하기

② 종이 색깔별로 이름 연결하기

③ 가치수직선 준비하기

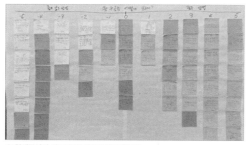

④ 학생들마다 친구들이 말한 방법 평가하기

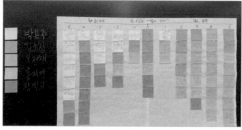

⑤ 가치수직선 표에 붙여 견주어 보기

와요. 가치수직선 숫자에 맞게 붙여요. 학생들이 붙인 걸 영근 샘이 풀칠을 하며 종이가 떨어지지 않게 단단히 붙여요. 다 붙인 학생은 다음 파랑 빛깔 붙임종이를 가져가서 김소정이 낸 해결 방법을 따져 봐요. 이렇게 다섯 개를 모두 써 붙여요. 모든 학생들이 다 써서 붙인 전지 붙임종이는 교실 옆에 붙여 둬요. 학생들은 다른 친구들이 쓴 글을 읽으며 자기 생각과 견줘요.

영근 샘도 우리 반 학생들이 쓴 의견을 살펴봐요. '시키는 대로 한다.'는 박용주 의견이 안 좋은 방법이라고 해요. 반면, '선생님에게 말한다.'는 오천재 의견에는 좋은 방법이라는 학생들이 많아요. '따진다.'는 김소정 의견은 −5에서 5까지 골고루 있어요.

《강아지똥》 읽고 토론하기

《강아지똥》을 읽어요. 이 책을 읽으며 이야기 나누고 토의와 토론으로 넘어가요. 그 과정을 학생들과 주고받은 말로 풀어요. 이 책이 아닌 다른 책으로 이렇게 이야기 나누면 토의와 토론을 어렵지 않게 할 수 있어요.

들어가기

"여러분과 《강아지똥》 책을 읽고 토의와 토론을 하려 해요. 토의와 토론이라고 부담 갖지는 마세요. 함께 이야기 나누는 시간이라 생각하면 돼요. 먼저 이 책 읽어 본 사람 손들어 볼래요?"

읽어 본 학생을 묻는 건 관심 끌기예요. 학생들은 아는 책이면 흥미가 조금 떨어질 수 있거든요. 이럴 때 읽어 본 사람, 하고 물으면 도리어 더 다가와요. 역시나 알려진 책이라 손을 드는 학생들이 많아요.

"그래요. 생각보다 많네요. 역시 책을 좋아하는 우리 반, 칭찬합니다. 그런데 아직 못 읽었다고 실망하지 마요. 지금부터 영근 샘이 읽어 줄게요. 참, 벌써 읽어 알고 있는 사람은 다른 사람을 위해서 말하지 말고 그냥 들어 봐요. 혼자 읽을 때와 영근 샘이 들려줄 때는 느낌이 다를 수 있으니까요."

책 읽기

책을 소리 내어 읽어 줘요. 책을 들고서 교실을 왔다 갔다 하며 읽어요. 책 장면을 화면으로 보여 줘도 좋지만, 그냥 읽어 줘도 금세 집중하는 학생들이에요. 그림은 장면마다 책을 세워 한 바퀴 빙글 돌려서 보여 줘요. 그 잠시 틈을 놓치지 않으려 학생들은 더 집중해요. 책을 다 읽었어요. 책 읽기가 끝나니 학생들이 손뼉을 쳐요. 우리 반은 책을 한 권 다 읽으면 손뼉을 쳐요. 우리 반 약속이에요.

이야기 나누기

"자, 여러분과 함께 우리는 《강아지똥》이라는 책을 보았어요. 그럼 책에서 본 내용을 얼마나 잘 알고 있는지 몇 가지 물어볼 테니 말해 보세요. 먼저 글을 쓴 사람은 누구죠?"

"권정생 할아버지요."

"이번에는 책에서 강아지똥이 길에서 여러 동물을 만나요. 어떤 동물을 만났는지 차례대로 써 보세요."

책을 읽어 줄 때 집중해서 들어야 답할 수 있어요. 이런 연습은 다음 책을 읽을 때 도움이 돼요. 조금 더 집중하며 영근 샘이 들려주는 책을 듣거든요. 다른 목적은 책 내용을 제대로 알아보기 위해서예요. 책 내용을 제대로 알아야 토의든 토론이 든 이루어질 수 있거든요.

"맞아요. 참새도 만나고 닭도 만났는데 그 가운데 흙덩이에 대해서 하나 더 물어볼게요. 흙덩이는 처음에는 강아지똥을 놀리다가 나중에는 미안하다고 하면서 자기가 더 흉측하고 더러울지 모른다고 했는데 그 까닭은 무엇이었나요?"

"가뭄이 왔을 때 고추를 살리지 못해서 그래요."

"네. 책에 나오는 내용을 잘 알고 있네요. 그럼 이번에는 책에 나오지 않지만, 여러분이 알 수 있는 것을 한두 가지 물어볼게요. 민들레를 본 적 있나요?"

"네. 본 적 있어요."

"민들레가 꽃을 피우려면 많은 것들이 필요해요. 어떤 것들이 필요한지 한번 말해 보세요."

"햇빛, 비, 물, 공기, 거름, 바람……."

의제

- 흙덩이를 소중하게 주워 담은 소달구지 아저씨의 행동에서 무엇을 알 수 있나요?

- 여러분이 길을 가다가 강아지똥을 보거나, 밟았다면 기분이 어떨까요?

- 강아지똥은 거름이 되었어요. 요즘은 그럴 수 없는데 그 까닭은 무엇인가요?

- 이 이야기는 세상에 쓸모없는 것은 없다는 것을 보여 줘요. 나는 어떤 쓸모가

있나요?

- 쓸모를 모르고 버리거나 하는 것에는 어떤 것이 있나요?

토론으로 걸어가기

"지금까지 강아지똥에 나오는 이야기들, 그것에서 알 수 있었던 여러 이야기를 나눴어요. 그럼 지금부터는 주제를 하나 정해서 찬성과 반대로 나눠서 찬반 토론을 해 보도록 해요."

토론을 하려면 논제를 어떤 것으로 정하는가가 중요해요. 미리 토론 논제를 정해 두기도 하고 학생들과 이야기 나누며 정하기도 해요. 책을 읽고서 이런저런 이야기를 나누다 보면, 생각에서 차이를 드러내는 부분이 있어요. 예컨대, 강아지똥이 거름이 된 장면 이야기를 하는데, 한 학생이 '요즘은 개가 똥을 화단이나 흙에 누면 그걸 주워서 쓰레기봉투에 버려야 한다.'고 말해요. 이때 '화단에 있는 똥은 치워야 하나 말아야 하나'로 충분히 이야기 나눌 수 있어요.

논제

- 어미 닭이 강아지똥에게 먹을 것이 없는 찌꺼기라 말한 것은 옳은가?
- 흙덩이가 아기 고추를 끝까지 살리지 못한 것이 흙덩이 잘못인가요?
- 요즘 세상에 강아지똥은 쓸모가 있다.
- 강아지똥이 이렇게 민들레꽃이 되지 못하는 지금 아스팔트로 덮인 도시 삶은 바꿀 수 있나?
- 농사를 지을 때, 많은 사람들이 약을 치며 농사를 짓는데, 약을 못 쓰게 하는 법이 필요한가?

독서토론에서 놓치지 말아야 할 것

첫째, 독서토론은 참 좋아요.

독서토론은 책을 함께 읽어 나갈 때 '독서'와 '토론'에서 얻는 두 가지 좋은 점을 다 얻을 수 있어요. 독서토론을 할 때마다 한 권의 책을 제대로 살펴요. 그냥 읽을 때보다 훨씬 더 집중해서 읽고, 듣고, 하나하나 자세하게 따져요. 아울러 토론으로 기대하는 여러 좋은 점, 유연한 사고, 논리적 말하기, 분석하며 종합적인 글쓰기 들이 조금씩 차곡차곡 쌓여요. 이것과 함께 초등학생 때 배움의 기본이라고 할 수 있는 네 가지 힘이 절로 길러져요.

네 가지 힘은 바로 ① 듣기, ② 말하기, ③ 읽기, ④ 쓰기예요. 듣기를 살펴볼게요. 독서토론을 할 때는 선생님이 읽어 주는 책이나 상대가 하는 주장을 귀담아들어야 해요. 보면서 듣고, 쓰면서 듣고, 생각하면서 들어요. 아주 높은 수준의 듣기예요. 말하기를 이야기해요. 토론을 할 땐 자기주장을 말로 펼쳐야 해요. 또렷한 말로 주장해야 해요. 이번에는 읽기예요. 토론할 책을 읽어요. 주장을 위해 필요한 자료를 찾아서 읽어요. 그냥 읽지 않고 나름대로 판단하며 읽어요. 마지막으로 쓰기예요. 주장은 글로 썼어요. 찬성과 반대를 모두 썼어요. 토론할 때도 상대가 하는 말을 썼어요. 이렇듯 독서토론은 독서와 토론의 좋은 점을 다 가질 수 있어요. 그래서 영근 샘은 독서토론을 많이 하고 있어요. 독서토론이 책 읽는 교실에서도 으뜸이에요.

둘째, 토론을 위한 책 읽기가 아니었으면 해요.

영근 샘이 독서토론을 많이 하지만, 학생들과 책 읽을 때마다 독서토론을 하지는 않아요. 토론하기 알맞은 책일 때 독서토론을 해요. 어떤 책은 독후 활동 하나 없이 읽어 주기만 해요. 이 책을 읽는 선생님들께 토론하기 위한 독서를 바라지 않아요. 독후 활동을 위한 책 읽기도 마찬가지예요. 영근 샘 바람은 독서, 독후 활동, 독서토론 어떤 것이든 학생들과 알콩달콩 잘 살았으면 해요. 그러며 학생들이 즐거운 책 읽기로 책과 가까웠으면 해요.

셋째, 독서토론이라면서 토론을 빼지 않았으면 해요.

'독서토론'이라는 말은 흔한 말이 되었어요. 독서토론으로 많은 교실에서 여러 빛깔로 실천하고 있어요. 독서토론으로 이야기도 나눠요. 질문도 만들어요. 토론도 해요. 이렇게 여러 빛깔로 하는 독서 활동을 독서토론이라고 흔히 말하기도 해요. 이런 활동(이야기, 질문, 토론 따위)을 모두 안을 수 있는 말로 흔히 독서토론이라고 말해요. 이 활동을 아우르는 알맞은 말이 없고, 독서토론이라는 말이 익숙해서 그렇게 쓸 수 있다고 봐요.

다만, 독서토론이라고 말했다면 '토론'을 빼지 않았으면 해요. 독서토론이라면 토론, 즉 찬반 토론이 한 과정으로 꼭 있어야 한다고 봐요. 토론을 해 본 적이 없어서 부담이 될 수도 있어요. 그럴 때는 앞서 소개한 과정을 그대로 하며 먼저 익혀 보세요. 그러다 보면 선생님만의 빛깔로 독서토론을 어렵지 않게 만들 수 있을 거라 생각해요.

※ '비경쟁 독서토론' 생각할 거리

'비경쟁 독서토론'이라는 말이 있어요. 이 활동은 주로 책을 읽고 질문을 만들며 모둠으로 질문과 생각을 주고받는 교육 활동이에요. 더 짧게, '책 읽기 – 질문 만들기 – 이야기 나누기'로 정리할 수 있어요. 무엇 하나 반대할 수 없는 좋은 활동이죠. 다만, 이 활동을 부르는 '비경쟁 독서토론'이라는 말이 아쉬워요. '비경쟁'과 '토론'은 함께 할 수 없는 말이에요. 토론을 할 때, 찬성자와 반대자는 논제를 두고서 자기 주장이 더 힘이 있다고 겨룰 수밖에 없어요. 굳이 '비경쟁'을 붙인다면, '토의'로 하면 돼요. '속살(활동)이 좋은데 그 껍데기(이름)가 뭐 어때서?'라고 말할 수도 있어요. 이것 또한 사실 토론거리이긴 해요. 영근 샘 주장을 어떻게 생각하는지 궁금하기도 해요.

토론 토론이란 어떤 논제에 대하여 찬성자와 반대자가 각각 논리적인 근거를 제시하면서 자기 의견의 정당함과 상대 의견의 부당함을 주장하는 말하기 유형이다. _국어과 교육과정

비경쟁 같은 목적에 대하여 이기거나 앞서려고 서로 겨루지 않음_다음사전

토의 해결하여야 할 공동의 문제에 대하여 정보와 의견을 주고받은 뒤, 가장 좋은 해결책을 찾는 것_국어과 교육과정

책과 거리가 먼 영근 샘이 이렇게 책과 함께했어요. 마지막 이야기는 색다른 경험을 소개하려 해요. 한번은 '어린이어깨동무'와 함께 평화 기행으로 아일랜드에 갔던 적이 있어요. 이때 다 같이 도서관에 갔어요. 여기에서 저는 엘리샤라는 여덟 살 꼬마 숙녀와 세 살 꼬마 소년을 만났어요.

책과 웃음은 국경도 나이도 뛰어넘는다.

아일랜드 더블린의 도서관에 갔다. 도서관 2층에는 어린이와 청소년, 어른이 함께 쓸 수 있는 공간이 있다. 창 쪽에는 바깥이 훤히 보이는 곳에서 책을 보는 사람들이 많다. 한쪽 구석에서는 공부하는 청소년도 보인다. 어린이책에 손을 뻗어 손가락으로 스치며 지나가는데, 금발 여자 어린이가 혼자 서 있다. 책꽂이 끝부분 책에 기대어 서 있다. 1, 2학년 정도 될 듯. 그 앞에 나는 섰다.

책을 꺼내 아이에게 보이니 움츠린 채로 책에 눈을 두다가 나를 보다가 한다. 나는 웃었다. 아이와 함께 보려고 그림책을 고른다. 꽤 두꺼운 그림책인데 글도 많지만 글보다는 그림이 더 눈에 띈다. 무릎을 꿇고 그림책을 펼쳐 보인다. 그림을 보며 내가 먼저 말해 본다(묻기, 이름 말하기, 개수 세기 따위). 머리가 셋인 뱀이 있다. "원, 투, 쓰리." 아이가 그림에 눈길을 둔다. 그림을 손가락으로 가리키며, "하우 매니?" 하니, "원, 투, 쓰리." 한다. 책장을 넘기니 눈이 하나인 동물이 나온다. "와우!" 하며 놀란 표정으로 말하니, 아이가 웃는다. 옆에 있던 의자를 당겼다. 그리고 아이에게 앉으라 했다. 앉은 여자아이 옆에 나도 엉덩이를 바닥에 두고 앉았다. 넘기며 나오는 동물 이름을 말한다. 모르는 동물 이름이 나오면 책 설명을 보며 이름을 찾는데, 낯선 영어는 여자아이가 읽어 주면 내가 따라 읽는다.

앞에 어머니와 아주 어린 남자아이가 와 섰다. 동생도 누나 옆에 와서는 같이 보려고 한다. 의자를 하나 더 당겨 앉혔다. 셋이서 함께 본다. 나는 가방을 내려놓고서 제대로 자세 잡고 함께 한다. 십 분 남짓 그림책을 본다. 어머니가 조금 떨어져 계속 보고 있다. 앞에 서 있으니 내 마음이 편하다. 괜스레 오해받을 일이 없으니. 책을 읽으며 묻는다.

"하우 올드 아 유?"(참 착한 영어다.)

여덟 살과 세 살이라고 한다. 주어진 시간이 길지 않아, 어머니에게 사진을 한 장 부탁드리려니, 남자아이가 "모니카." 한다. 어머니 이름이다.

"모니카, 테이크 픽처?"

셋이 사진을 찍는다. 나중에 알았는데, 사진을 찍으면 안 된다고 한다. 나는 도서관을 나올 때까지도 몰랐다. 그래서 모니카가 사진을 찍으며 둘레를 살폈구나, 하는 생각이 들었다. 사진을 찍을 때 남자아이에게 오라고 하니 무릎에 앉으며 좋아한다. 아이 웃음에 내가 더 좋다.

인사를 나누며 헤어졌다. 여자아이와 악수하고, 남자아이와는 주먹을 맞대며 웃으며 (통통 뛰며 좋아하니 나도 통통 뛰고 싶다) 헤어졌다. 헤어져 일행을 만났는데, 뭔가 찜찜하다. 뭐지. 아! 다시 돌아가 무릎을 숙이고 물었다.

"왓쳐 유어 네임?"

"엘리샤."

동생 이름도 묻는다. 남자아이 발음은 내가 못 알아듣겠다. 엘리샤가 돕는다.

"크리스프."

"탱큐." 하고서 웃으며 헤어졌다. 그때, 엘리샤가 오더니 내 손을 치며, 묻는다. 내 이름은 무엇이냐고.

"리."

"리."

"오케이. 리. 앤 아임 프롬 코리아, 싸우스 코리아."

고개를 끄덕인다.

"엘리샤, 두 유 노 싸우스 코리아?"

"예스."

엘리샤랑 악수하고, 크리스프랑은 주먹을 맞대며 웃으며 (크리스프는 통통 뛰며) 헤어졌다. 몇 번이고 뒤를 돌아보며, 도서관을 나왔다.

사실 처음에는 걱정이었다. 움츠리고 있던 엘리샤에게 말을 걸 때, '외국인이라 낯선데 도망가지 않을까? 울지 않을까? 싫어하지 않을까?' 하는 생각이 들었으니. 헤어지고서 곰곰이 생각했다. 엘리샤 마음을 열게 한 건 뭘까? 크리스프를 통통 뛰게 만든 건 뭘까? 모니카가 내 아이와 노는 낯선 외국인을 그대로 보고 있게 했을까? 이것이다, 하고 단정할 수는 없다. 생각 끝에 내 판단은, 책과 웃음이다. 무릎을 꿇고 앉아서 함께 책을 보았다. 책을 보면서 계속 웃었다. 나도 웃고 엘리샤도 웃었다. 크리스프는 통통 뛰며 웃었다. 지켜보던 모니카도 흐뭇하게 웃으며 우리를 지켜봤다. 웃으며 책을 함께 보니 모두가 마음을 열었다.

(아일랜드, 2017년 2월 14일)

이때 우리는 책을 함께 읽었어요. 영어에 낯선 이방인이 보여 주는 책을 여자아이는 보았어요. 곧 세 살 아이까지도. 우리는 서로 웃으며 이름을 주고받았어요. 엘리샤와 크리스프도 내 이름을 물었어요. 모니카는 우리 모습을 흐뭇하게 지켜보다가 사진도 찍어 줬어요. 이방인인 저와 엘리샤를 잇게 한 매개체는 다름 아닌 '책'이었어요. 아이 눈높이에 맞는 그림책이었고 아이 키에 맞게 바닥에 앉아 함께 읽었어요. 엘리샤는 책에 관심을 보였고 책 내용을 서로 알려 줬어요. 그러며 우리는 많이 웃었어요.

이때를 떠올리면 흐뭇하게 웃음이 나요. 우리가 만나는 아이들은 누구든 엘리샤, 크리스프일 수 있어요. 선생으로 사니 저는 엘리샤, 크리스프 같은 아이들을 자주 만나요. 조금 낯설어 쭈빗거릴 때 책 하나 건네며 읽어 줄 수 있어요. 책 내용으로 함께 공감하고 웃을 수 있어요.

미술로 자유 미술 시간을 가졌다. 잠시 연구실에 물 한 잔 받으러 가는데, 둘이 교실 밖에 있다.

"왜?"

"더워서요."

물 받아와서는 나도 앉았다.

"뭐 그리지?"

○○이가 투명 필름으로 고민이다.

"나 그릴래?"

"네? 네."

책 읽는 모습을 그림으로 담는다.

"인제 다리 펴면 안 되제?"

"헤헤. 네."

제법 진지하게 그린다. 보통 때와 다른 모습에 놀라며 덩달아 기분이 좋다.

"다 그렸어요."

"잘 그렸네."

"나도 책 읽어야겠다."

"그래? 그럼 같이 보자. 가져와라."

둘은 내 무릎에 누워 쉬는 시간까지 책을 읽었다.(2017년 7월 26일)

살아 있는 교육 46

책 읽는 교실 어떻게 할까?

초등참사랑 이영근 선생님의 빛깔 있는 독서교육

2024년 6월 17일 1판 1쇄 펴냄

글 이영근

편집 김누리, 김성재, 이경희, 임헌 | **디자인** 오혜진

제작 심준엽 | **영업마케팅** 김현정, 심규완, 양병희 | **영업관리** 안명선

새사업부 조서연 | **경영지원실** 노명아, 신종호, 차수민

인쇄와 제본 ㈜상지사 P&B

펴낸이 유문숙 | **펴낸 곳** ㈜도서출판 보리 | **출판등록** 1991년 8월 6일 제9-279호

주소 (10881) 경기도 파주시 직지길 492 | **전화** 031-955-3535 | **전송** 031-950-9501

누리집 www.boribook.com | **전자우편** bori@boribook.com

ⓒ 이영근, 2024

보리는 나무 한 그루를 베어 낼 가치가 있는지 생각하며 책을 만듭니다.

ISBN 979-11-6314-364-2 (03370)